CHRISTOPH RIBBAT

WIE DIE QUEEN

Die deutsch-jüdische Geschichte
einer sehr britischen Schriftstellerin

Mit zahlreichen Abbildungen

INSEL VERLAG

Erste Auflage 2022
Originalausgabe
© Insel Verlag Anton Kippenberg GmbH & Co. KG, Berlin, 2022
Umschlagabbildung und alle Innenabbildungen mit Ausnahme
der Abbildung auf Seite 40: © Tom Barker, Clun (UK)
Alle Rechte vorbehalten. Wir behalten uns auch eine Nutzung des Werks
für Text und Data Mining im Sinne von § 44b UrhG vor.
Umschlaggestaltung: hißmann, heilmann, hamburg
Satz: Eberl & Koesel Studio GmbH, Altusried-Krugzell
Druck: GGP Media GmbH, Pößneck
Dieses Buch wurde klimaneutral produziert:
climatepartner.com/14438-2110-1001.
Printed in Germany
ISBN 978-3-458-17943-6

www.insel-verlag.de

WIE DIE QUEEN

Dies ist die Lebensgeschichte der Autorin Kathrine Talbot. Der Biograf stützt sich auf ihre Briefe, Tagebücher und autobiografischen Texte, auf Interviews mit Zeitzeugen und historische Dokumente. Für jeden Fehler trägt er die Verantwortung. Und ihm ist bewusst, dass diese Schriftstellerin von Biografien nicht viel hielt.

INHALT

1

STEINE

Die Haushaltshilfe ist neunzehn Jahre alt. Sie träumt davon, Schriftstellerin zu werden. Sie wird an einem Montag deportiert. Gerade ist sie mit der Wäsche beschäftigt. Es ist ein besonders warmer Tag im Mai. Sie schaut aus dem Fenster und denkt: Draußen, in der Sonne, werden die Sachen schnell trocknen. Eine herausragende Haushaltshilfe ist sie sicher nicht. Aber das immerhin weiß sie.

Es geht in diesem Land ein Gerücht um. Man sagt, Dienstmädchen wie sie seien imstande, Piloten feindlicher Flugzeuge geheime Signale zu übermitteln. An Wäscheleinen in Gärten könnten sie Hosen, Hemden, Laken auf bestimmte Art und Weise aufhängen. Ein Grund, sie in Lager zu sperren.[1]

Der Polizist, der sie abführen soll, hat seine Frau mitgebracht. Diese sagt, sie müsse eigentlich selbst Wäsche waschen, bei sich zu Hause. Aber sie hilft beim Deportationsvorgang. Die Frau rät ihr, trotz des Wetters auch warme Sachen mitzunehmen. Nur für den Fall. Das klingt nicht gut.

In ihrem Zimmer sucht die Haushaltshilfe nach Kleidung für Frühling, Sommer, Herbst und Winter. Ihre Eltern würden in diesem Moment von ihr erwarten, mutig zu sein und ruhig zu bleiben. Die Polizistengattin sieht ihr beim Packen zu. Die Haushaltshilfe faltet zusammen, stapelt, räumt ein, schaut von ihrem Koffer auf und bemerkt: Der Frau stehen Tränen in den Augen.

Zuerst wird die Haushaltshilfe in ein Gefängnis gebracht, in der nächstgrößeren Stadt. Hier kommt sie mit etwa fünfzig anderen Frauen zusammen. Sie alle wurden aus den Dörfern und Kleinstädten der Umgebung deportiert. Sie selbst hat sich vor eineinhalb Jahren mit falschen Papieren in dieses Land geflüchtet. Eintausend Kilometer südlich von hier hat ein Herr hinter einem Schreibtisch ihr einen Tipp gegeben und ein anderer Herr hat für sie Unterlagen gefälscht. Er hat den Namen einer Schule eingetragen, die sie angeblich besuchen werde. Der Trick hat funktioniert. Auch ihre Eltern haben versucht zu fliehen, auf legalem Wege, und erst sah es gut für sie aus, aber jetzt nicht mehr. Sie hat eine Schwester, der sie noch nie in ihrem Leben begegnet ist. Eine Haarsträhne von ihr hat sie gesehen. Kennenlernen wird sie ihre Schwester nie.

Nach zwei Nächten in Haft geht es weiter zu einem Bahnhof. Mehr Deportierte kommen dazu, Hunderte Frauen jedes Alters, einige mit ihren kleinen Kindern. Sie steigen in einen Zug, der fährt, anhält, langsam weiterfährt, wieder anhält, stehen bleibt, stundenlang. Es ist heiß im Zug. Die Frauen und Kinder haben Durst, haben Hunger, haben Angst. Säuglinge schreien, schlafen und schreien wieder. Die Regierung hat Wissenschaftlerinnen deportieren lassen, Musikerinnen, Bildhauerinnen, Krankenschwestern, viele Dienstmädchen, einige Nonnen, viele Hausfrauen. Eine der Frauen in ihrem Waggon hat sechs Söhne. Alle sechs sind Soldaten und kämpfen für das Land, das jetzt ihre Mutter einsperrt.

Zwölf Jahre später wird die Haushaltshilfe in der Sprache, die sie gerade erst richtig lernt, ihren ersten Roman veröffentlichen.

Drei Jahre danach wird der nächste Roman erscheinen und noch einmal vier Jahre nach dem zweiten Roman der dritte. Die internationale Presse wird ihre Werke preisen und nur einige Aspekte bemängeln. Als Schriftstellerin wird sie nicht in der ganzen Welt gelesen werden, aber zumindest auf beiden Seiten eines Ozeans. Als »geborene Romanautorin« wird eine einflussreiche Zeitung sie bezeichnen.

Der Zug setzt sich wieder in Bewegung. Dann kommen die Frauen im Bahnhof einer großen Stadt an. Man führt sie aus dem Gebäude heraus. Dort stehen Busse bereit. Sie steigen ein, die Türen schließen, die Busse fahren los, durch die Stadt. Die Haushaltshilfe schaut aus dem Fenster. Die Leute, die hier am Straßenrand stehen, haben anscheinend auf sie, die Deportierten, gewartet. Sie werfen Steine auf die Busse. Wer keine Steine gefunden hat, aber dennoch etwas werfen will, schleudert Erdklumpen. Die Leute werfen Erde und Steine, weil sie die Frauen, die in den Bussen sitzen, verabscheuen: Frauen wie sie.

Man führt sie in Lagerhäuser am Hafen. Die Gebäude stehen wohl schon länger leer, sind schmutzig und verstaubt. Sechs Toiletten gibt es, für Hunderte von Frauen. Die Klos sind schnell verstopft. Dass die Deportierten menstruieren könnten, hat niemand bedacht.

Niemand sagt ihnen, wie es weitergeht und wohin sie gebracht werden. Im Gefängnis gab es noch Strohmatratzen, hier nur den kahlen Holzboden. Nachts liegt die Haushaltshilfe wach und beobachtet, was in den Lagerhallen vor sich geht. Frauen stehen auf, ziehen durch die Dunkelheit. Sie hört Schreie und Gemurmel.

Sie schwört sich: Eines Tages wird sie über diese Erfahrungen schreiben. Aber es wird ihr schwerfallen, das in die Tat umzusetzen. Von dem, was sie jetzt erlebt, was sie vor der Flucht und auf der Flucht erlebt hat, von dem, was ihre Eltern, ihre Schwester, ihre ehemaligen Nachbarn erleiden werden, wird sie sehr lange Zeit nicht erzählen wollen oder nicht erzählen können. Als es irgendwann doch geht, wird es fast schon zu spät sein.

Damen einer Wohlfahrtsorganisation tauchen auf. Sie haben Teekannen dabei. Der Tee ist gesüßt. Zweimal am Tag gibt es Eintopf, ziemlich dünn, dazu pro Person zwei Scheiben Weißbrot und Margarine. Nach der dritten Nacht werden die Deportierten wieder zu Bussen geführt. Die ganze Welt wird diese Stadt eines Tages lieben, weil sie so fantastische Musiker hervorbringt. Originelle Frisuren werden diese jungen Männer haben. Alles, was du brauchst, ist Liebe, Liebe, werden sie singen. Liebe ist alles, was du brauchst. Die Haushaltshilfe wird der Stadt und ihren Steinewerfern nie verzeihen.

Diese Fahrt dauert nur zwei Minuten. Als der Bus hält, sind sie nach wie vor am Hafen. Die Türen öffnen sich. Mit all den anderen Frauen wird die Haushaltshilfe auf ein Schiff geführt. Hunger hat sie, fühlt sich schmutzig.

Das Schiff legt ab, lässt den Hafen hinter sich. Nach einer Weile klingelt eine Glocke. Was das bedeuten könnte, wissen die Frauen nicht. Also zeigen sie keine Reaktion. Irgendwann kommt einer der Seeleute und weist sie ins Innere. Auf langen Tischen stehen dort Papiertaschen, und jede Frau bekommt eine von ihnen in die Hand gedrückt. Sie öffnen die Tüten und schauen hinein. Als ihnen klar wird, was sich darin befindet, brechen viele der Frauen in Tränen aus.

2

ENGLISCH

Im November 1938 steigt Ilse Eva Groß, siebzehn Jahre alt, in Zürich in ein Flugzeug. Ihr Ziel ist Croydon, Londons internationaler Flughafen. Die Maschine hebt ab und nimmt Kurs auf das Land, das sie achtzehn Monate später deportieren wird, als »enemy alien« der Kategorie »B«.

Aufgewachsen ist Ilse in der Gaustraße in Bingen. Die Nahe mündete in den Rhein, Burg Klopp stand auf dem Kloppberg und der Mäuseturm auf der Mäuseturminsel. Mit Mutter, Vater, Onkel, Tanten, Cousins und Cousinen hat sie ihre Binger Kindheit erlebt. Ohne ihre Schwester. Dennoch war es eine glückliche Zeit, bis zu Ilses Zusammenbruch.

Sie ist die Tochter eines Weinhändlers. Die Binger Firma W. Gross Söhne, gegründet 1835, führten Otto und Ernst Groß, ihre Onkel, und Karl Groß, ihr Vater. Der Name »Groß« wird mal »Groß« und mal »Gross« geschrieben. Sie, Ilse Groß, wird siebenundsechzig Jahre ihres Lebens in Ländern verbringen, die das »ß« nicht kennen.

Ihre Reise hat in Genf begonnen. Eigentlich hätte sie mit dem Zug durch Frankreich fahren sollen. Aber es gibt zu viele Flüchtlinge. Das meint auch die französische Regierung. Zu groß ist die Gefahr, dass sie einfach aus dem Zug aussteigen könnte. Also hat sie für eine Bahnfahrt keine Papiere erhalten. Ihre Eltern, vielleicht auch Freunde ihrer Eltern, haben das Geld aufgebracht, um ihr den Flug zu bezahlen. Sie fliegt zum ersten Mal in ihrem Leben.

Ilses Schwester, Vater und Mutter bleiben, das ist eine Katastrophe, in Deutschland. Die Eltern sind noch nicht emigriert, weil sie Ilses Schwester beschützen wollen. Berichte über die brennenden deutschen Synagogen hat Ilse kurz vor dem Abflug im Radio gehört.

Weil sie die letzten Jahre in Genf verbracht hat, ist Ilses Französisch hervorragend und ihre zweite Fremdsprache halb vergessenes Englisch. Sie hat die Internationale Schule Genf besucht. Einige amerikanische Mitschüler hatte sie und eigentlich hätte sie von ihnen Englisch lernen können. Aber vielleicht war sie zu beeindruckt von diesen Wesen: wie selbstbewusst sie waren und wie gut sie immer aussahen. So lässig, so offen, so hervorragend angezogen. Dieser eine Junge wusste alles über Politik und konnte zusätzlich noch, als wenn das nichts sei, unfassbar gut Klavier spielen. Chopin. Wie oft sie in Genf Chopin gehört hat. Aber sie hat diesen Jungen wie die anderen Amerikaner eher aus der Ferne bewundert.

Einen spezifischen Engländer fand sie ebenfalls eindrucksvoll. Mit der Schule hat sie Sitzungen des Völkerbunds besucht. Dort hat sie Anthony Eden mit eigenen Augen gesehen. Bei ihm handelte es sich um einen wirklich sehr eleganten Außenminister, in den sich gleich mehrere ihrer Mitschülerinnen, möglicherweise auch sie selbst, noch im Sitzungssaal verliebten.

Unter ihr liegt erst der Ärmelkanal, dann England. Und dann kann sie den Tower erkennen und das Terminal. Die Maschine fliegt eine Schleife über dem Süden von London und sie schaut aus dem Fenster und genau jetzt, in diesem Moment, gehen in Croydon die Lichter an.

Jemand hat ihr kurz vor der Abreise gesagt, in England gebe es ein Überangebot von Frauen. Ilse hält sich selbst für nicht sonderlich attraktiv. Also geht sie davon aus, dass sie in diesem Land wohl keinen Mann finden wird.

Aber das ist nicht das, was sie wirklich beschäftigt. Sie denkt an ihre Eltern, die zurückgeblieben sind. Sie ist nur die Vorhut der Familie. Auch die Eltern müssen sich retten und Deutschland verlassen. Vielleicht schaffen sie es nach England, vielleicht direkt in die USA.

Nach der Landung in Croydon geht die Fahrt in einen anderen Londoner Vorort. Ihr Cousin Willy wohnt in einem kleinen roten Haus in einer sehr langen Reihe anderer kleiner roter Häuser. Ilse tritt durch die Vordertür und steht gleich vor der Hintertür.

Willy ist eher ein Onkel als ein Vetter: Er ist gut dreißig Jahre älter als sie. In Heidelberg wohnte er mit Frau und Sohn in einer Villa. Hier in London versperren Heidelberger Möbel den Weg, schwere Eiche, eleganter Ahorn, um die herum es in der Villa sehr viel mehr Platz gab.

Im Radio läuft die BBC. »In Town Tonight«, eine Unterhaltungsshow. Am Ende sagt jemand: »Carry on, London!« Sie ist überrascht, dass auf dem Esstisch eine Wachstischdecke liegt und kein Stofftischtuch. Ihr Cousin und sie kommen beide aus einer Welt, in der stets nur Textilien die Tafel dekorierten. Ihr Großvater mütterlicherseits hat in Frankfurt am Main mit den innovativen kochechten, waschechten Lenco-Tischtüchern ein Unternehmen aufgebaut – florierend, bis vor kurzem. Jetzt schaut Ilse auf eine zwar durchaus moderne, wohl auch tendenziell geschmackvolle Decke, schwarz mit roten Punkten, aber ihr wird klar, dass sie noch nie in einem so bescheidenen Haushalt zu Gast war. Das heißt wohl, dass sich alles in ihrem Leben verändert hat.

Mit vierzehn war sie eines Tages aus dem Binger Lyzeum nach Hause gekommen, hatte sich ins Bett gelegt, geheult und nicht aufgehört zu heulen.

Drei Weinbaugebiete begegnen sich in Bingen: Rheinhessen, die Nahe, der Rheingau. Ilses Heimatstadt nannte sich in den Dreißigerjahren »die fröhliche Weinstadt am Rhein«. Wenn die Dampfer stromaufwärts Richtung Bingen fuhren und an der Lorelei vorbeikamen, dann sangen die Passagiere: »Ich weiß nicht, was soll es bedeuten«. Manche gedankenverlorenen Fahrgäste sangen das Lied auch dann noch, als jedem klar sein musste, dass Heinrich Heine, Verfasser dieser Zeilen, nun geächtet und das Lied daher unsingbar war. Am Binger Rheinufer aß man eine Brezel beim »Bretzelbub«. Am Kiosk kaufte man Ansichtskarten. Ein Motiv stand in besonders vielen Varianten auf den Kartenständern: der Diktator. Mit Hund, mit Kindern, im Braunhemd, im Trenchcoat, im Cut, im Stresemann. Man trank ein Glas Wein. Das wilde Urinieren betrunkener Touristen war ein Problem in Bingen. So sah es die *Rhein- und Nahe-Zeitung*. In einem Festzelt spielte sieben Tage in der Woche eine Tanzkapelle. »Annemarie« war einer ihrer Standards: »Und schießt mich eine Kugel tot / kann ich nicht heimwärts wandern / dann wein' dir nicht die Augen rot / nimm halt einen andern.« Bingen-Besucher sangen gern »Annemarie«, wenn sie durch die Gassen wankten. Der Rhein sei der deutsche »Schicksalsstrom«, sagte ein Binger Werbeprospekt. »Stunden am Rhein« seien »Stunden tiefsten Erlebens«.[2]

Die Familie Groß wohnte einige Gehminuten vom Schicksalsstrom entfernt – kurz vor dem eleganten neuen Gebäude der

1934: Ilse Groß, dreizehn Jahre alt.

Sektkellerei Scharlachberg. Die Eltern stellten der Tochter Fragen. Ilse hörte nicht auf zu weinen. Die Eltern riefen Sanitätsrat Dr. Mehler an. Der Mediziner stieg die Treppen zur Wohnung hoch, untersuchte Ilse, beriet die Eltern.

Ihre neue Mathematiklehrerin hatte Ilse und die fünf anderen jüdischen Schülerinnen in die letzte Reihe des Klassenraums gesetzt und ihnen verboten, je wieder etwas im Unterricht zu sagen. Dann hatte sie einen Vortrag über die Juden als niedere Lebensform gehalten. Sie hatte die nichtjüdischen Schülerinnen dazu angehalten, den sechs Mädchen das Leben von nun an so schwer wie möglich zu machen. Zwei Tage war Ilse danach noch zur Schule gegangen. Dann hatte sie nicht mehr gekonnt.

Der Sanitätsrat empfahl nichts Konkretes. Ilse blieb noch ein paar Wochen zu Hause. Dann verließ sie die fröhliche Weinstadt Richtung Schweiz: allein, vierzehn Jahre alt. Ihre erste Flucht aus Bingen.

Wenn sie in Genf hätte bleiben können, drei Jahre später, im Herbst 1938, hätte sie dort eine Fachschule für Bibliothekarinnen besucht. Sie hätte weiter tanzen gehen können – sie besaß silberne Tanzschuhe –, sich mit Freundinnen treffen, am See spazieren gehen. Aber den Eltern war es nicht mehr möglich, ihr Leben in Genf zu bezahlen. Ilses Aufenthaltserlaubnis lief ab.

In ihrem Genfer Zimmer hing, wie in vielen Jugendzimmern der Zeit, die »Unbekannte aus der Seine«. Es handelte sich um das Porträt einer attraktiven weiblichen Wasserleiche. Als völlig unklar war, was mit Ilse passieren würde, welches Land sie aufnehmen könnte, nach Deutschland konnte sie nicht zurück, in der Schweiz konnte sie nicht bleiben, stand sie am Ufer des Sees, schaute den Genfer Schwänen zu und stellte sich vor, im Wasser zu enden wie die populärste Ertrunkene ihrer Zeit. Irgendetwas daran fühlte sich auch romantisch an. Und dann ergab sich die

Möglichkeit, nach England zu gehen. Die Rettung, zumindest für sie.

Zehntausende marschieren in den Dreißigerjahren durch englische Straßen. Ihre Hände schnellen hoch zum Gruß. Das Horst-Wessel-Lied singen sie in englischer Übersetzung. Sie gehören zur antisemitischen »British Union of Fascists«.[3] Aber Gegendemonstranten stellen sich ihnen in den Weg. Und in Kirchen, Synagogen, Gewerkschaften formieren sich Initiativen, die eine großzügigere Flüchtlingspolitik für die verfolgten deutschen Juden fordern. Überall im Land spenden Briten für diese Organisationen, wie für das »Movement for the Care of Children from Germany«.[4]

Nach den deutschen Novemberpogromen beschließt das britische Parlament: Zehntausend jüdische Kinder und Jugendliche sollen – vorübergehend – ins Vereinigte Königreich eingelassen werden. Die Eltern der jungen Menschen sind ebenso in Gefahr. Für sie aber, so heißt es, finde sich auf den Britischen Inseln kein Platz. Grundsätzlich sollen die Grenzen dicht bleiben. Die Arbeitslosigkeit ist zu hoch. Also gibt es nur – oder immerhin – diesen Kindertransport.

In Deutschland, Polen, Österreich und der Tschechoslowakei begleiten Väter und Mütter ihre Kinder zu Bahnhöfen. Manche der Eltern umarmen die Kinder fest, küssen sie noch einmal und noch einmal. Es könnte schließlich ein Abschied für immer sein. Andere halten sich mit den Zärtlichkeiten zurück. Es soll ja wirken, als würde man sich bald wiedersehen. Der Vater eines Mädchens kniet sich vor das Kind auf den Bahnsteig und bittet es, in England alles dafür zu tun, ihre Eltern, Großeltern, ihre Tante und ihre Cousinen aus Österreich herauszuholen. Das Mädchen ist zehn Jahre alt.[5] Die Eltern winken den Töchtern, den Söhnen hinterher.

Das Schicksal der allermeisten Zurückgebliebenen wird die Grenzen der Darstellbarkeit überschreiten. Die Züge fahren durch die Niederlande, die Kinder besteigen Fähren, und als diese in England anlegen, winken die Kinder, ihre Identitätsmarken um den Hals, für die Kameras der Pressevertreter. Die Fotografen lichten eher Mädchen als Jungen ab, weil Flüchtlingsjungen bei der Leserschaft nicht so beliebt sind. Die erste englische Mahlzeit der Kinder wird ebenfalls fotografiert: Eintopf. Abgeholt werden sie an der Liverpool Street Station in London, von Verwandten oder von Pflegeeltern. Andere finden Unterkunft in Heimen.

Manchen wird diese Rettungsaktion als Beleg für britische Großzügigkeit gelten. Es ist herzerwärmend, wie viele Menschen sich bereit erklären, die Schutzsuchenden aufzunehmen und zu behandeln, als seien sie ihr eigener Nachwuchs. Manche aber werden die Maßnahme als Element einer verfehlten Flüchtlingspolitik betrachten. Die Eltern der Geretteten werden in ihrer großen Mehrzahl dem mörderischen deutschen Antisemitismus zum Opfer fallen. Dass sie gefährdet sind, kann man im November 1938 schon absehen, auch wenn die Politik der Vernichtung noch nicht beschlossen ist. Keine Rettungsaktion Großbritanniens wird so umfangreich dokumentiert werden wie der Kindertransport und keine so kontrovers diskutiert.[6]

Ilses Schwester Bertha, fünfzehn Jahre älter als sie, hat schwere geistige und körperliche Behinderungen. Ihr Gehirn ist bei der Geburt geschädigt worden. Seit Ilse denken kann, hat Bertha in einem Heim in Rhens gelebt, fünfzig Kilometer rheinabwärts von Bingen.

Als Kind hat Ilse für Bertha Bilder gemalt und die Eltern haben die Bilder ins Heim mitgenommen. Ilse hat Gedichte über ihre Schwester geschrieben, eine Art romantische Obsession mit ihr gepflegt, am Klavier gesessen und improvisiert, Musikstücke gespielt über und für Bertha, die diese nie gehört hat. Ilse hat eine Haarsträhne Berthas bekommen: schönes, braunes Haar. Oft hat sie die Eltern gebeten, sie zu ihr mitzunehmen. Die Eltern sagten stets, dass sie Ilse das ersparen wollten. Es war kein Tabu in der Familie, sie redeten durchaus über Bertha, aber es stand fest, dass Ilse ihrer Schwester nicht begegnen sollte.

Zu Weihnachten packte die Mutter Päckchen für Bertha und für die Belegschaft des Heims. Sie schickte Nachthemden, Pantoffeln, Seife, Dosen mit selbstgebackenen Weihnachtsplätzchen. Die Schwester lernte schreiben, als sie vierundzwanzig Jahre alt war. Ilse bekam eine Postkarte von ihr: ein paar Großbuchstaben, offensichtlich mit Mühe auf die Karte gebracht. Irgendwann klang Ilses romantische Neigung zur nie gesehenen Bertha ab und damit auch der Wunsch, sie zu besuchen.

Seit 1933 haben viele Menschen um die Eltern herum Bingen und Deutschland verlassen: jüdische Nachbarn, Freunde, Verwandte. Karl und Agnes Groß bleiben, wegen Bertha. Dass Behinderte im Nationalsozialismus besonders gefährdet sind, wird schon sehr früh klar. Ein Plakat von 1938 zeigt einen »erbkranken« Mann und verweist darauf, dass dieser die »Volksgemeinschaft« 60 000 Reichsmark koste. Die praktischen Konsequenzen, die daraus zu ziehen seien, deutet der Aushang nur an. Im Geheimen bereiten deutsche Bürokraten und Mediziner sie vor.[7]

Doppelt so groß wie die Gruppe der durch den Kindertransport Geretteten ist die der nach Großbritannien geholten Haushaltshilfen. Wenn man sich verpflichtet, als Dienstbotin zu arbeiten, bekommt man ein britisches Visum. So können sich zwanzigtausend jüdische Frauen aus Deutschland, Österreich und Polen der Vernichtung entziehen. Sie kommen nicht als Gruppe, sondern einzeln, nach und nach. Auf sie warten keine Fotografen. Die

Frauen verschwinden in den Haushalten, in denen sie kochen, bedienen, putzen. Die allermeisten von ihnen haben noch nie zuvor als Dienstmädchen gearbeitet. Einige von ihnen wissen nur, wie man Dienstmädchen beschäftigt.

Hinter dem Rettungsprogramm für »domestics« steht keine pure Menschenfreundlichkeit. In Großbritannien herrscht in den Dreißigerjahren eine Dienstbotenkrise. Geflüchtete sollen sie beheben. Junge britische Frauen aus der Arbeiterklasse wollen nicht mehr Hausangestellte werden. Es ist grauenhaft: Man bekommt einfach kein Personal mehr. Vielleicht liegt es daran, dass Dienstmädchen in vielen Familien keine Schrubber an Stielen ausgehändigt werden, obwohl in englischen Haushaltswarengeschäften durchaus Schrubber an Stielen erhältlich sind. Traditionell, die Symbolik will es so, soll das Dienstmädchen stets auf dem Boden knien, wenn es schrubbt. Möglicherweise ist der Beruf der Bediensteten auch deshalb unattraktiv, weil bei sexuellen Übergriffen durch die Herrschaft oder die Söhne der Herrschaft die schuldige Partei meist schnell gefunden ist: die Hausangestellte selbst. Oder es hat sich herumgesprochen, dass Dienstmädchen nicht die Badezimmer ihrer Arbeitgeber benutzen dürfen, sondern lediglich den für sie bestimmten Nachttopf in ihrem Zimmer, was peinlich ist und ständig daran erinnert, dass die Dienende konsequent ausgeschlossen wird von der Familie, mit der sie zusammenlebt und für die sie schuftet.[8]

In London sitzt Ilse jetzt oft neben einer Badewanne. Sie erzählt einem Kind Geschichten. Aus Cousin Willys Bungalow ist sie ausgezogen. Auch sie ist jetzt ein Dienstmädchen – wenn auch unbezahlt. Offiziell ist sie Schülerin. Das sagt ihr gefälschtes Visum. In der Wanne liegt ein siebenjähriges englisches Mädchen und korrigiert die sprachlichen Fehler, die ihre neue Betreuerin beim Erzählen macht.

Wenn Ilse genug zu essen bekommen würde, könnte man sagen: Sie hat Glück mit ihrem Arbeitsplatz. Sie muss nicht auf den Knien schrubben. Die Siebenjährige unterhält sich sehr gern mit ihr und liebt es, sie auf Fehler hinzuweisen. So lernt Ilse Englisch.

An jedem Abend liest Ilses Arbeitgeberin ihrer Tochter und ihrer Haushaltshilfe eine Stunde lang vor. Die Mutter hält ihr Kind für ein Genie. Von Ilses Fähigkeiten scheint sie weniger überzeugt. Sie liest Szenen aus Shakespeare-Stücken. Ilse sitzt auf einem Kissen, das Mädchen auf einem anderen Kissen, die Arbeitgeberin in einem Sessel, neben der Lampe, und für Ilse fühlt sich das Zuhören an, als würde sie auf einem Trapez turnen. Sie fliegt von einem englischen Wort, das sie schon versteht, zu dem nächsten Wort, das ihr bekannt vorkommt. Zwischen den Wörtern kann sich sehr viel Luft befinden.

Wenn die Mutter Shakespeare aus dem Programm nimmt, kommt die Zeit der Wouldbegoods: sechs dicke Freunde, englische Kinder, Oswald, Dora, Dicky, Alice, Noël und H. O. Warum H. O. so heißt, wie er heißt? Es wurde im Vorläuferband erklärt. Einen Sommer lang erleben die Wouldbegoods Abenteuer auf dem Land. Dort, so liest Ilses Chefin vor, seien die Leute freundlicher als in London, einfach weil es weniger Menschen gebe, also relativ gesehen mehr Freundlichkeit vorhanden sei. So, wie sich ein Pfund Butter sehr viel großzügiger auf einem Laib Brot verteilen lasse als auf einem Dutzend Broten.[9]

Ilse hat immer Hunger. Es gibt kein Brot im Haus. Zum Frühstück bekommt sie Porridge. Das ist die reichhaltigste Mahlzeit. Mittags, zumindest am Wochenanfang, sieht sie auf ihrem Teller ein Stückchen Überrest von dem Braten, den es am Wochenende gab. Donnerstags gibt es vielleicht ein kleines Würstchen. Was danach passiert: unsicher. Einen Keks bekommt sie am Nachmittag. Zum Abendessen lernt sie den entfernt zwiebackhaften englischen »water biscuit« kennen und die in diesem Königreich sehr populäre Rindfleischpaste Bovril. Aber auch das sind nur Kleinstportionen. Ihre Chefin ist spindeldürr. Sie scheint nie zu essen. Die kleine Tochter bekommt zusätzlich immer mal wieder ein Ei oder einen Apfel. Nicht Ilse.

Die Putzfrau bringt Ilse eine Scheibe Brot mit. Sie wischen zusammen Staub und reden. Die Putzfrau erzählt, dass ihr Mann sie schlägt und wie froh sie ist, wenn er nicht zu Hause ist. Sie findet Ilse und ihre eleganten Kleider offensichtlich interessant und irgendwie seltsam und sagt ihr, dass die Art, wie Ilse rede, sie an den walisischen Akzent erinnere. Wie solch ein Akzent klingt, ist Ilse komplett unbekannt, und was und wo Wales ist, auch. Aber sie ist dankbar für das Brot. Sie weiß, dass sich die Putzfrau dieses Geschenk eigentlich nicht erlauben kann.

Man sagt, dass man Englisch so sprechen soll, als hätte man eine Pflaume im Mund. Nachts liegt Ilse hungrig wach. Wenn in Bingen Gäste kamen, wurden die feinsten Tischdecken aufgelegt, aus Stoff, selbstverständlich. Das Tafelsilber wurde darauf arrangiert, zahlreiche Gläser eingedeckt. Zuerst gab es die Bouillon: Rinderbrühe, eine Farbe wie helles Gold, darin kleine Inseln von Markklößchen. Auf dem Tisch standen warme Brötchen parat, versteckt unter einer Stoffserviette in einem silbernen Korb. Dann ein Braten, Gemüse, Salat, zum Dessert hausgemachte Eiskrem, vielleicht eine Eisbombe, schließlich Obst und Käse.

Ilse steht auf, schaut aus dem Fenster. Von hier aus sieht sie auf ein luxuriöses Haus. Sie beobachtet die Dienstboten dort, die schon am Abend die Tabletts für das sicherlich opulente Frühstück vorbereiten. Sie legt sich wieder ins Bett und träumt von Schweizer Schokolade, gutbürgerlicher deutscher Küche, Restaurantbuffets. Sie stellt sich vor, dass die wohlhabenden Leute von gegenüber sie zu sich einladen und im nächsten Schritt adoptieren. Wie sie ihr erst Kuchen anbieten, wie sie dann in eines der Zimmer dieses Hauses einzieht und wie schließlich, nachdem ihre neuen Gastgeber alles Notwendige dafür in Bewegung gesetzt haben, ihre Eltern in Croydon landen und sie sich vor Freude weinend in die Arme fallen.

Einmal, vor dem Krieg, 1935, ist sie mit ihrer Mutter nach London gefahren: ein Besuch bei entfernten Verwandten. Mutter und Tochter erzählten ihren Gastgebern, dass die Badeanstalt am Rhein nun für Juden verboten war, dass in einem Ort nahebei das Schild hinge: »Die Straße nach Jerusalem führt nicht durch dieses Dorf«, dass ein Hitlerjunge einen Stein auf Ilse geworfen habe. Die Verwandten waren der Meinung, dass sich das alles sicher wieder normalisieren werde. So schlimm konnte es wirklich nicht sein. Das weiß man ja: Der Engländer an sich neigt dazu, Krisen nicht so aufzubauschen. Und Ilse wollte den Londonern gefallen. Also sagte sie, dass es nur ein kleiner Stein gewesen sei. Eher ein Kiesel. Er habe sie zwar am Kopf getroffen, sie aber kaum verletzt.

Erst später wurde ihr klar, dass es sich bei dieser Londonfahrt nicht um eine Vergnügungsreise gehandelt hatte. Ilse hatte Mitleid erregen sollen, so die Strategie der Eltern, damit diese Familie sie bei sich aufnehmen würde und eine der beiden Töchter schon einmal in Sicherheit sei. Der Plan war nicht aufgegangen. Kurze Zeit nach ihrer Rückkehr aus London kam ein weiterer Stein geflogen, nun kein Kiesel, durch die Fensterscheibe in den Salon der Familie Groß. Er traf den Sessel, in dem der Vater so gern saß, nur in diesem Moment gerade nicht.

Ilses Ungeschicklichkeit kann ihre Londoner Arbeitgeberin nicht ertragen. Diese hasst selbst den Haushalt und neigt zu cholerischen Anfällen. Sie ist Theosophin. Der Mensch trägt alles, was das Universum beinhaltet, latent in sich.[10] An dieses theosophische Prinzip müsste sie eigentlich glauben. Aber was kann dieses Dienstmädchen überhaupt? Was ist in ihr latent?

Ilse Gross kennt sich sehr gut mit dem Œuvre des Dramatikers Jean Giraudoux aus. Sie liebt Dostojewskis *Die Brüder Karamasow*. Auch zu Strindbergs Theaterstücken, dem *Traumspiel* insbesondere, kann sie sich mit einiger Expertise äußern. 1937 hat sie den dritten Preis im Literaturwettbewerb der deutschsprachigen Schüler der Internationalen Schule von Genf erhalten, für »Momentaufnahmen aus unserem Alltagsleben«, ein Gedicht in komplexem Versmaß. Und sie hat Kurse in doppelter Buchführung belegt, im Verfassen französischsprachiger Geschäftskorrespondenz, im Schreibmaschineschreiben und in der Stenografie nach der modernen multilingualen Methode.

Ilse schiebt den für sie bereitstehenden Staubsauger durch die Wohnung. Solch ein Gerät bedienen zu dürfen: in England ein Haushaltshilfen-Luxus. Ihr Leben lang wird Ilse verheimlichen, dass sie im Sommer 1936 drei Monate lang eine Hauswirtschaftsschule besucht hat: unter der Leitung von Mme Dr. Rittmeyer, mit Blick auf den Genfer See. Vielleicht hat sie sich dort nicht allzu sehr bemüht. Mit dem Staubsauger saugt sie Socken des kleinen Mädchens auf, dann einen Strumpf ihrer Chefin. Das Gerät streikt. Die Theosophin verliert die Contenance.

Die Eltern versuchen von Bingen aus, ihr zu helfen. Die Situation muss sich ändern. Das Kind kann nicht dauernd hungrig sein. Ein Londoner Bekannter der Familie soll aufgesucht werden, ein früherer Kunde von W. Gross Söhne. Binger Weine werden auch in England geschätzt: Der Riesling, das weiß man, ist fantastisch. Ilse zieht sich etwas Vornehmes an und macht sich auf den Weg.

Der Herr wohnt direkt am Regent's Park, in einer eleganten,

geräumigen Wohnung, und sitzt hinter seinem Schreibtisch und hört sich Ilses Leidensgeschichte an und ihren Bericht von den Sorgen der Eltern, die immer noch in Deutschland seien und dringend herausmüssten. Er hat tatsächlich eine Idee, wie er helfen kann. Da er regelmäßig Karten für Theaterpremieren hier in London bekomme, werde er ihr, Ilse Gross, von nun an regelmäßig Tickets schicken. Gratis.

Hundekekse statt Menschengebäck serviert eine deutsch-jüdische Medizinstudentin, seit der Flucht englisches Dienstmädchen, einer Abendgesellschaft. Versehentlich. Sie wird sofort entlassen. Eine andere Hausangestellte, einundzwanzig Jahre alt, muss ihr Essen, das ist üblich, stets allein in der Küche einnehmen und nicht im Salon, wo die Familie speist. Sie ist todmüde von der Arbeit. In einem sechsköpfigen Haushalt ist sie die einzige Dienstbotin, kann sich aber als gerettet betrachten vor der immer aggressiveren Diskriminierung in Deutschland und muss daher Tag für Tag dankbar sein, weil das Leben da, wo sie herkommt, so viel schrecklicher wäre. Sie sitzt in der Küche, isst und weint. Der Hund der Familie sitzt neben ihr und leckt ihr die Tränen vom Gesicht.

Eine Haushaltshilfe namens Edith, geflohen aus Berlin, hat eine englische Chefin, die ebenfalls Edith heißt. Also nennt die eine Edith die sie bedienende Edith ab sofort Mary.[11] Eine Österreicherin, ausgebildete Konzertpianistin, darf grundsätzlich das Instrument der von ihr bedienten Familie berühren. Aber sie wird von ihrer Chefin angemahnt, nur Klavier zu spielen, wenn wirklich niemand zu Hause ist.

Der britischen Klassengesellschaft passen diese neuen Dienstmädchen nicht ins Konzept. Hausmädchen sollen keine anderen Talente haben als die, die man im Haushalt braucht. Die Herrschaft möchte auch nicht hören, was auf dem Kontinent Schlimmes vor sich geht. Sie wollen erst recht nicht wissen, was dort früher, vor 1933, besser funktioniert habe als hier auf den Britischen Inseln. Und die Herrschaft hat immer recht. Man kann nicht einfach flüchten. Man muss die Lage aushalten. Ohne ein Empfehlungsschreiben wird man sicher nie einen anderen Job finden.[12]

Ilse nutzt die Freikarten, die der Herr vom Regent's Park ihr zur Verfügung stellt. Sie sieht sich *The Flashing Stream* an, im Lyric Theatre in Soho. Ein herausragender Mathematiker und eine herausragende Mathematikerin arbeiten auf einer fernen, aber britischen Atlantikinsel an neuartigen Marschflugkörpern. Die beiden Hochbegabten haben Schwierigkeiten damit, sich nur auf mathematische Probleme zu konzentrieren.[13]

Sie lädt auch ihre Chefin ins Theater ein. Diese kauft sich noch rasch ein neues Kleid. Es besteht aus hellblauem Taft. Ilse muss vorher nicht shoppen. Sie besitzt genug schicke Kleider.

Dann wird Ilse gefeuert und flüchtet sich zu Cousin Willy ins vollgestopfte rote Häuschen. Er war Psychiatrieprofessor an der Heidelberger Universität. Eine bedeutende Studie zur Psychologie extremer Glücksgefühle stammt von ihm. Er unterscheidet zwischen dem »Glücksaffekt«, der alle anderen psychischen Inhalte einfärbt, und dem »Glücksrausch«, der alles andere aus dem Bewusstsein verdrängen will.[14]

Willy sitzt jetzt mit seinen Medizinerkollegen, ebenfalls Flüchtlingen aus Deutschland, um den Küchentisch herum. Sie lernen für das Examen, das sie wieder in anerkannte Wissenschaftler verwandeln soll. Irgendwie müssen sie all die medizinischen Fachbegriffe, mit denen sie sich seit Jahrzehnten beschäftigt haben, in englischer Sprache in ihre nicht mehr ganz jungen Köpfe bekommen.

Cousin Willy sagt Ilse, dass sie ihr Verhalten ändern müsse. Demut sei angezeigt. Disziplin. Sie müsse an ihre Eltern denken, zurückgeblieben in Bingen. Solle sich bewusst werden, wie glücklich sie sich schätzen könne, überhaupt hier zu sein. Gerettet. Willy Mayer-Gross setzt sich für sie ein. Vielleicht gibt ihr die Theosophin doch noch eine Chance.

Informationsmaterial für die Flüchtlinge kann dabei helfen, in England zurechtzukommen. Die Broschüre *Mistress and Maid*. Oder: *While You Are in England*. Oder: *Dos and Don'ts for Refugees*. In englischen Häusern sei es oft deutlich kälter als in kontinentalen. Es empfehle sich, dicke Unterwäsche zu tragen und Wollmäntel. Flüchtlinge sollen englische Bücher lesen. Flüchtlinge sollen Gerüchten nicht trauen. »Authentische Informationen« stammten nur aus Zeitungen und dem Radio. Immer »cheerful« sein. Immer ein »smiling face« haben. So finde man Freunde. Die englische Chefin formuliere ihre Bedürfnisse als Bitte. Eine solche Bitte sei aber keine Bitte, sondern ein Befehl und daher sofort auszuführen. Korrekt sei es, leise zu reden und leise zu gehen, ob auf der Straße oder zu Hause. Keine auffällige Kleidung. Kein auffälliges Verhalten. Understatement, nicht Overstatement. Man solle immer Englisch reden, nur Englisch, und lieber schlechtes Englisch als irgendeine andere Sprache.[15]

Ilse darf zurückkommen. Ohne Understatement erzählt sie ihrer Chefin immer wieder, wie großartig das Leben in Bingen am Rhein vor 1933 gewesen sei. Ihre ziemlich auffälligen Kleider füllen das Dienstmädchenzimmer. Immerhin: Sie hat keine Probleme damit, schlecht Englisch zu reden. Sie sagt »naturally«, wenn sie »of course« sagen sollte. Ihre Ungeschicklichkeit lässt nicht nach. Irgendwann kann auch Willy Mayer-Gross die Kündigung nicht mehr rückgängig machen.

Sie nimmt den Zug zu ihren neuen Arbeitgebern in Stoke-on-Trent. Bei dieser Familie muss sie im Keller wohnen. Es wird ihr verboten, den Herrn des Hauses auch nur anzusprechen. Nach einer Woche macht sie sich wieder auf den Weg nach London.

Sie findet einen neuen Arbeitsplatz. Jetzt hat sie Glück. In einem Vorort im Süden Londons arbeitet sie für drei wohlhabende Frauen, die in einem Haus zusammenleben. Es gibt immer genug zu essen. Zusätzlich, es ist ein Wunder, bekommt sie Taschengeld: fünf Schilling in der Woche. Sie kauft sich Seife, Zahnpasta und neue Schuhsohlen. Einen gewissen Anteil legt sie Woche für Woche zur Seite, für ihre Eltern. Wenn es ihnen endlich gelingt, aus Deutschland herauszukommen, wird Ilse für sie da sein.

Dann sitzt sie mit Geoffrey Pittock-Buss auf dem Sofa, im Wohnzimmer seiner Eltern. Sie halten Händchen. Sie küssen sich. Sehr vorsichtig. Er schreibt für die Lokalzeitung seines Londoner Vororts. Er sagt, er sei nicht wie die meisten Journalisten. Rauche nicht. Gehe nicht ständig einen trinken. Er besuche regelmäßig die Kirche und habe keine Schulden. Eines Tages wird er sie fragen, ob sie ihn heiraten will.

Aber da ist etwas, das sie sich beibringen sollte. Das wird auf dieser Couch deutlich. Sie sollte mehr wissen, als sie weiß. Sie sollte von gewissen Dingen überhaupt etwas wissen. In drei Ländern hat sie gelebt, drei verschiedene Sprachen gesprochen, aber es gibt Zonen ihres eigenen Körpers und Worte für diese Zonen und Konzepte von dem, was mit diesen Zonen passieren könnte, und sie sind alle noch absolut unerforscht. Die Mahnungen ihrer Mutter hemmen sie. Agnes Elisabeth Groß hat stets betont, dass es körperliche Areale gebe, die man niemals exponieren solle. Die Hygiene stehe an erster Stelle jeder menschlichen Interaktion. Von der Theorie, dass Kinder entstünden, wenn Menschen sich auf rein spirituelle Weise liebhätten, wurde im Hause Groß nie abgewichen. Offiziell ist das noch immer Ilses Wissensstand. Ihr hilft ein Bücherregal, auf dem sie Staub putzen soll. Dort steht ein Werk von Marie Stopes: *Married Love*. Stopes ist Paläobotanikerin. Abseits ihres Forschungsfelds hat sie sich ausführlich mit angewandter Sexualität befasst. Zwischen dem Bücherregal und dem Sofa ist ein bisschen Platz. Dort, auf dem Boden, lässt Ilse sich nieder.

Höchst interessante Beobachtungen finden sich in diesem Buch. Dass in einem nördlichen Klima wie in Großbritannien die Frauen weniger zur Erregung neigten als in südlichen Breitengraden. Dass aber ein Gedicht oder eine Erinnerung dazu führen könne, dass einer Frau, selbst einer britischen Frau, auch außerhalb ihrer eigentlich fruchtbaren Tage nach Beischlaf sein könne. 250 Millionen Spermatozoen fänden sich in einer durchschnittlichen Ejakulation. Die Königin von Aragon sei davon ausgegangen, dass sechs Mal Sex pro Tag zu einer richtigen Ehe dazugehörten. Ein solcher Standard, das sagt Stopes, würde heutige Ehemänner sicherlich umbringen.[16] Ilse müsste Staub putzen. Liest weiter.

Ende August 1939 finanzieren ihre drei Arbeitgeberinnen Ilse einen Kurzurlaub. Sie fährt an die Küste, nach Hythe. Sie schaut aus dem Zugfenster. In einem Stadtpark graben Männer Schützengräben. Sie fährt an einer Marmeladenfabrik vorbei – »jam«, nicht »marmalade«, anscheinend ein wichtiger Unterschied in diesem Land. Leute stapeln Sandsäcke an den Fabriktoren. In Hythe wohnt sie in einem kleinen Bed and Breakfast. Sie legt sich mit einem Buch an den Strand.

Kenneth Grahame liest sie: *The Wind in the Willows*. Der Maulwurf macht Frühjahrsputz, so beginnt der Roman, und das ist sehr mühsam, und als er mit dem Saubermachen fertig ist, wandert er los durch den sonnigen Tag, voller Lebensfreude, räumt das Kaninchen, das sich ihm in den Weg stellt, beiseite, und genießt es, dass alle anderen so beschäftigt sind, die Vögel mit dem Nestbau, die Blumen mit dem Knospen, die Blätter mit dem Wachsen, und dass nur er, der Maulwurf, faulenzt.[17]

Sie macht einen Ausflug nach Folkestone. Dort schaut sie auf den Kanal. Sie beobachtet die Passagiere, die die Fähre aus Frankreich verlassen. Sie machen einen irgendwie gebeutelten Eindruck. Ilse fährt wieder nach Hythe. Statt Mittagessen zu gehen, isst sie nur ein bisschen Schokolade. Sie muss das Geld sparen, für ihre Eltern, wenn sie endlich nachkommen.

Sie ist aus dem Kurzurlaub zurück in ihrem Londoner Vorort, und es ist entweder Donnerstag, der 31. August, oder Freitag, der 1. September 1939, ein heißer Tag, als ihre Eltern anrufen und sagen, dass sie ihre Visa für England sehr bald erhalten würden. Alles werde sein wie geplant: Sie kämen herüber und dann würden sie zusammen, als Familie, in England darauf warten, dass ihnen ihre amerikanischen Visa erteilt würden.

Ilse weint vor Freude. Sie sagt den Eltern, dass sie eine Heckenschere mitbringen sollen. Was mit ihrer Schwester passieren wird, wenn die Eltern Deutschland verlassen: Das besprechen sie nicht. Die Eltern sagen: »Wir sehen uns nächste Woche.« Sie sagt: »Beeilt euch.«

Sie schaut aus dem Fenster und sieht dem Nachbarn beim Heckenschneiden zu. Sie liest weiter in Phyllis Bottomes Roman *The Mortal Storm*. Eine junge jüdische Frau verlobt sich mit einem Nazi. Sie bricht die Verlobung, Katastrophen folgen. Jetzt bringt das Buch Ilse zum Weinen.[18]

Am Sonntagmorgen, dem 3. September 1939, sagt Premierminister Chamberlain um elf Uhr vormittags im Radio, dass der Krieg begonnen habe und was das bedeute. Es gibt einen kurzen

Luftalarm und dann den Sonntagsbraten und dann macht sie einen Spaziergang auf der sonnigen Straße. Sie geht an Häusern vorbei und an Hecken. Es wird kein freudiges Wiedersehen geben. Später, als ältere Dame, wird sie schreiben: In diesem Moment habe sie zum ersten Mal mehr als nur Selbstmitleid empfunden.

3

WIND

Sie wollen die Fremden betrachten. Deshalb versammeln sich Bewohner der Isle of Man im Jahr 1940 immer wieder am Hafen. Schiffe aus Liverpool legen an, in Douglas, an der Ostküste Mans, und Deutsche, Österreicher und Italiener steigen aus. Erst waren es nur Männer. Nun kommen auch Frauen. Die allermeisten von ihnen sind vor dem Nationalsozialismus nach Großbritannien geflohen.

»Failt ort« heißt »willkommen« in der alten Sprache der Insel. Aber Manx sprechen die Manx kaum noch. Am Hafen von Douglas rufen sie je nach Laune »bloody Germans« oder »nasty Germans«. Manchmal pfeifen oder spucken sie auch in die Richtung der Ankommenden.

Die Deportierten tragen ihr Gepäck von der Anlegestelle zum Bahnhof. Viele von ihnen wurden in Deutschland aufgrund ihres jüdischen Hintergrunds zu Nicht-Deutschen erklärt. Die Beschimpfungen der Manx machen sie wieder zu Deutschen. Den Insulanern ist dieses Paradox wohl nicht besonders wichtig.

Es ist der 30. Mai des Jahres 1940. Die Inselbahn setzt sich in Bewegung, zwanzig Kilometer Richtung Süden. Das Internierungslager besteht aus zwei Orten. Von Port St. Mary aus schaut man Richtung England, von Port Erin Richtung Irland. Ilse

Gross steigt in Port St. Mary aus. Sie befindet sich einerseits in einem Lager, weil sie nun von Stacheldraht umgeben ist, andererseits nicht in einem Lager, weil die Insassen, Urlaubern gleich, in Hotels und Pensionen wohnen. Es ist ein bisschen wie auf dem Schiff von Liverpool nach Douglas. Zweifellos fuhr es sie in die Unfreiheit – und doch gab es an Bord reichlich Kaffee und auf den Tischen weiße Tischtücher und in den Tüten, die für sie bereitstanden, Lunchpakete. Pro Person: ein sehr appetitliches Sandwich, ein hartgekochtes Ei, einen Apfel, eine Orange. Eine Stoffserviette noch dazu. Gut hat man sie versorgt auf der Fähre.

Die Gastgeber auf der Isle of Man erhalten Geld von der britischen Regierung, für jede Person einen festen Tagessatz. Das ist für die Wirte kein schlechtes Geschäft. Touristen kommen nur im Sommer, diese Gäste aber, die Internierten, bleiben wohl für die gesamte Dauer eines sicher nicht kurzen Weltkriegs. Geschicktes Haushalten kann ihre Unterbringung noch profitabler machen. Es wird sich herausstellen: Manche Pensionsbesitzer sind weniger großzügig als andere.

Alle Lagerinsassen, das ist die Regel, schlafen zu zweit in einem Bett. Ilse hat auf der Fähre eine junge Frau kennengelernt. Sie haben herausgefunden, dass sie gemeinsame Bekannte in der Gaustraße in Bingen haben. In der Bahn haben sie nebeneinandergesessen, aus dem Fenster geschaut, die Blumenpracht Mans bewundert. Sie haben es hinbekommen, in Port St. Mary in derselben Pension untergebracht zu werden. Sie teilen sich die Matratze.

Internierte dürfen keine Kerzen besitzen, weil sie damit feindliche Flugzeuge anlocken könnten. Landkarten sind ebenfalls verboten. Sie dürfen keine Möwen füttern, keine Bilder an die Wände ihrer Zimmer hängen, keine Bars oder Tanzveranstaltungen besuchen und keine alkoholischen Getränke kaufen. Um zehn Uhr ist Bettruhe »and silence thereafter«.[19]

Mit dem Beginn des Zweiten Weltkriegs hatte die britische Regierung Tribunale eingerichtet. Diese sollten die »enemy aliens« klassifizieren.[20] Als »A-Fälle« benannte man eindeutige und daher umgehend zu deportierende Unterstützer des nationalsozialistischen Systems. In Cardiff, Wales, wurde eine jüdische Krankenschwester auffällig, sie war vor kurzem aus Deutschland geflohen, weil sie mit der Schreibmaschine Briefe an ihre Mutter schrieb. Ihre Kolleginnen hatten sie tippen gehört und das Tippen verdächtig gefunden. Eine Krankenschwester würde nicht tippen. Also gab es für sie ein »A«.

Die Differenz zwischen der Mittelkategorie »B« (noch nicht zu internieren) und dem scheinbar unproblematischen »C« (nicht zu internieren) war in vielen Fällen nicht zu begreifen. Manchem Tribunalsvorsitzenden genügte es, wenn jemand Familie in Deutschland hatte. Schon erhielt man ein »B« und kein »C«. Dass man sich die größten Sorgen um diese Verwandten machte, dass diese Verwandten kein menschenwürdiges Leben mehr lebten, dass man nichts sehnlicher wünschte, als sie aus Deutschland herauszuholen? Unerheblich. Als Ilse Gross aus »Bingen/Rhine« mit achtzehneinhalb Jahren in Bromley/Kent vor dem für sie zuständigen Gremium erschien, befand sie das Tribunal als zu jung für ein »C«. Sie bekam am 30. Oktober 1939 ein »B«, weil sie so ein junges Mädchen war und daher leicht zu beeinflussen. Aber ein »B« schien auch nicht allzu dramatisch.

Im Frühjahr 1940 besetzten deutsche Truppen Norwegen und Dänemark. Ein Angriff auf Großbritannien wurde wahrscheinlicher. Jeder in Küstennähe lebende männliche deutsche Flüchtling wurde nun interniert. Kategorien spielten keine Rolle mehr.

Frauen und Mädchen schätzte man erst als harmlos ein. Dann

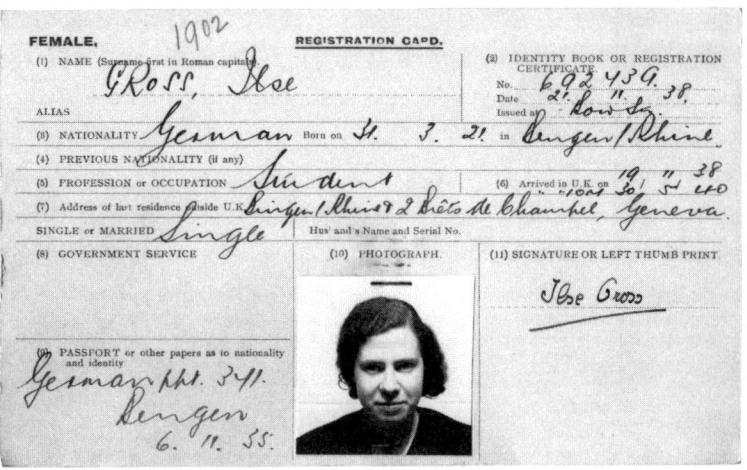

Registrierungskarte eines »enemy alien«
(aus den Manx National Heritage Archives).

zirkulierten Gerüchte, dass einige dieser deutschen Dienstmädchen verdächtig viel Zeit in der Nähe von Militäranlagen verbrächten. Und jene Frage kam auf, welche geheimen Codes sie beim Wäscheaufhängen wohl aussenden könnten. Ein hoher britischer Diplomat sagte: »The paltriest kitchen maid, with German connections«, die armseligste Küchenhilfe, sei »a menace to the safety of the country«. Achttausend Männer wurden interniert, viertausend Frauen. Erst landeten sie in Gefängnissen, dann auf der Isle of Man.[21]

Im Lager kommt der Hunger in Ilses Leben zurück. Mittags gibt es mal etwas gesalzenen Kabeljau, mal Hering, mal ein paar Sardinen. Es ekelt sie vor diesen Fischen und sie isst sie natürlich dennoch. Einmal die Woche gibt es Presskopf. Wenn man gegen Presskopf protestiert, gibt es zweimal die Woche Presskopf. Abends bekommen sie zwei Scheiben Weißbrot, eine Tomate und ein kleines Stück Käse. Das reicht ihr nicht.

Port St. Mary hat einen Strand. Es ist Badewetter. Kaum eine Frau hat daran gedacht, zur Deportation einen Badeanzug mitzunehmen. Sie gehen in Unterwäsche ins Wasser. Dass sie ganz ohne Bekleidung durch die Brandung laufen, könnte ein von den Manx verbreitetes Gerücht sein.

Die Frauen blicken hinaus aufs Meer und sehen den Stacheldrahtzaun, der sie davon abhalten soll, zu fliehen. Sie müssten einhundert Kilometer durch die Irische See schwimmen, um es wieder in die Freiheit zu schaffen. Bei Ebbe wirkt der Zaun besonders markant.

Die englische Presse berichtet davon, dass die deutschen Internierten auf Kosten des britischen Steuerzahlers fröhlichen Inselurlaub machten. Port St. Mary hat einen Golfplatz. In Zeitungen liest man von mal in den Wellen frohlockenden und mal Bälle einlochenden Lagerinsassinnen und von wohlhabenden

Deportierten, die sich ihre Golfschläger auf die Insel nachschicken ließen. Der Platz bleibt nicht lange für sie geöffnet.

Die Männer sind im Norden der Insel interniert, die Frauen im Süden. Verheiratete dürfen sich einmal in der Woche treffen, unter Beobachtung. Einmal wirft ein Mann seiner Verlobten Blumen über den Zaun. Er wird für drei Tage im Inselgefängnis eingesperrt.[22]

Kurt Schwitters sitzt im Männerlager, die Bildhauerin Pamina Liebert-Mahrenholz auf der anderen Seite. Edith Bach ist auf die Insel deportiert worden. Man nannte sie einst »die Nachtigall von Königs Wusterhausen«, weil von dort das erste deutsche Rundfunkprogramm gesendet wurde und Edith Bach einmal pro Woche darin sang. Die Volkswirtschaftlerin Magda Kelber ist interniert und Jenny Fliess, Mitbegründerin eines exzellenten vegetarischen Restaurants in London.[23] Friedelind Wagner ist hier, die Enkelin eines deutschen Komponisten, und die Schauspielerin Dora Lask, bekannt als Dora Diamant: die letzte Freundin Franz Kafkas. Die Künstlerin Margarete Klopfleisch ist schwanger, als sie auf der Insel ankommt. Sie erleidet eine Fehlgeburt, stirbt fast an den Blutungen. Sie wird auf der Insel eine Skulptur mit dem Titel *Verzweiflung* schaffen. Vierunddreißig Zentimeter hoch ist die hölzerne Figur: eine Frau, die die Arme über den Kopf reißt und schreit.[24]

Die Angst, dass die Deutschen eine Invasion Englands planen, ist begründet. Sie sind in Paris. Also könnten sie auch London erreichen. Die Regierung lässt ein Informationsblatt drucken: *If the Invader Comes: What to Do and How to Do It.* Es geht das Gerücht um, dass die Deutschen den Weg über Irland nehmen werden. Von der Isle of Man aus kann man die irische Ostküste mit bloßem Auge sehen. Würden die Deutschen dort ankommen, wäre diese Insel ihr nächstes Ziel und Tausende jüdische Frauen und Männer würden ihnen sofort in die Hände fallen. Es gibt einen Selbstmord im Frauenlager.[25]

Angst muss man aber auch davor haben, Man verlassen zu müssen. Dies betrifft zuerst die Männer. Aus ihrem Lager deportiert die britische Regierung viele Deportierte erneut, nach Kanada, nach Australien. Im Sommer 1940 setzen Hunderte von ihnen nach Liverpool über und besteigen dort die Arandora Star. Nach Neufundland soll das Schiff die Männer bringen, nimmt Kurs Richtung Nordwesten, kommt bis zu den Äußeren Hebriden, und wird am 2. Juli von einem deutschen Torpedo getroffen. Etwa siebenhundert Männer ertrinken. Als ihre Identitäten geklärt sind, geht in Port St. Mary und Port Erin ein Vikar von Pension zu Pension, um die jeweilige internierte Ehefrau über den Tod ihres Gatten zu informieren.

Jüdische Flüchtlinge und nationalsozialistisch gesinnte Deutsche kommen sich im Lager recht nah. In manchen der Pensionen geben Antisemitinnen den Ton an. In einer Unterkunft sitzen sie im gewärmten Salon und sorgen dafür, dass die jüdischen Bewohnerinnen in ihren ungeheizten Zimmern bleiben. Irgendwann werden die beiden Parteien getrennt. Im Hotel am Golfplatz wohnen dann nur noch Nationalsozialistinnen.[26] »Mein Schatz ist ein Brauner«, hört man dort. Und: »Die werden's schon schaffen, wart' nur ab.«[27] Es soll Frauen geben, die jüdische Mitinternierte auf der Straße mit »Heil Hitler« begrüßen.[28]

Man kann auf der Insel spazieren gehen, die Fuchsienhecken bewundern und das Heidekraut und versuchen, den Stacheldraht zu ignorieren. Zwischen Port Erin und Port St. Mary befindet sich diese Stelle, von der aus das Meer nicht zu sehen ist, in welche Richtung man auch schaut. Man blickt nur auf Bäume, Kühe, Bauernhöfe. Dort kann man sich einbilden, dass man nicht auf eine Insel verbannt wurde. Einmal, so erzählt man sich im Lager, seien einige Frauen auf den Spazierpfaden unterwegs gewesen und hätten Stechginster eingesammelt. Er wächst hier so schön. Sie hätten die Zweige genommen und zusammengesteckt, und als sie fertig gewesen seien mit der kreativen Arbeit und es komplett war, das große Hakenkreuz aus Isle-of-Man-Ginster, hätten sie es auf den Tisch in ihrer Pension gelegt, sich um ihr Werk herumgestellt und dann mit einer kleinen Feier ihrer Liebe zum Nationalsozialismus Ausdruck gegeben.[29]

Geoffrey schickt ihr Briefe aus London, aber keine Neuigkeiten zum Kriegsverlauf. Diese würden zensiert. Aus dem Internat in der Schweiz hat Ilse ihren Eltern jeden Tag einen Brief geschrieben. Jetzt kann sie nur Rote-Kreuz-Nachrichten senden: maximal fünfundzwanzig Worte. Ein Cousin von ihr sitzt im Männerlager. Er hat ein Herzleiden, das nicht behandelt wird. Er stirbt auf der Isle of Man.

Die Insassinnen des Frauencamps organisieren Kindergärten und Schulen für den internierten Nachwuchs. Eine Hochschule eröffnen sie für die Erwachsenen. Deportierte Akademikerinnen halten Vorträge über Geschichte, Theologie, Mathematik, Griechisch, deutsche Literatur, britische Geschichte und, allgemeiner: »Problems of Life«. Eine Lesegruppe befasst sich ausschließlich mit Goethes *Faust*. Vierzig internierte Frauen sind als Mitarbeiterinnen der Forschungsstation für Marinebiologie registriert. Eine Zoologie-Studentin leitet eine Untergruppe an, die Seetang einsammelt.[30] Zwei verschiedene Lagerzeitungen werden produziert und erreichen eine Leserschaft von jeweils genau einer Person. Die Kommandantin als Insel-Zensorin verhindert, dass die Blätter veröffentlicht werden.[31]

Ilse ist Stammkundin der Lagerbibliothek. Anscheinend verachten nicht alle Briten die Frauen auf der Isle of Man. Reichlich Bücher wurden den Deportierten gespendet.[32] Ilse leiht sich Romane aus. Die Kosten werden pro Tag berechnet. Also setzt sie alles daran, jedes Buch innerhalb von vierundzwanzig Stunden durchzulesen. Was besonders bei ihr hängen bleibt: Szenen, die üppige Mahlzeiten detailliert beschreiben.

Im Salon der Binger Wohnung saß der Vater in seinem großen blauen Lieblingssessel, die Füße auf einem Sitzhocker platziert. In der Hand hielt er die *Frankfurter Zeitung*. Auf einer Armlehne stand ein Aschenbecher in Kamelform. Im Sessel löste er zum Abschluss der Lektüre das Kreuzworträtsel, widmete sich dann einem naturwissenschaftlichen Magazin. Rauchte Zigarre. Im Musikraum, fast immer leer, stand der Bechsteinflügel auf einem blassgrünen Teppich im chinesischen Stil.

Die Mutter saß gern auf dem braunen Sofa vor dem Bücherregal. Thomas Manns *Josef und seine Brüder* las sie dort, Band für Band. Ilse, sagte die Mutter, dürfe alles lesen, was ihr in den Sinn käme. Nur nicht Tolstois *Kreutzersonate*: Die sei zu explizit. Ein gut erzogenes Mädchen in Bingen am Rhein durfte vor dem Verlassen des Hauses auch nur so viel Zeit vor dem Spiegel verbringen, um kurz sicherzugehen, dass der Unterrock nicht unter dem Kleid hervorschaute. Wer länger vor dem Spiegel stand, war ein »Äffchen«.

Dass Ilse Schriftstellerin werden wollte, stand schon immer fest. Es gab nur eine kurze Phase, in der sie eine Karriere als Ärztin ins Auge fasste, aus rein humanitären Gründen. Ihr literarisches Œuvre als Kind umfasste zahlreiche Kurzgeschichten, einiges an Lyrik und diverse erste Kapitel von nie vollendeten Tier-Romanen.

Wenn sie zu dritt zusammensaßen, las der Vater gern aus seinen Kriegstagebüchern vor. 1914-1918. Eisernes Kreuz Zweiter Klasse. Hessische Tapferkeitsmedaille. Ehrenkreuz für Frontkämpfer. Der Hund, der ihm in Russland zugelaufen war. Er zeigte die Bilder. Der Hund. Der Vater. Der Vater auf einem Pferd. Seltsame Bäume. Vorstöße, Rückzüge. Er erzählte die Geschichte, wie er sich einen Bart hatte wachsen lassen und nach der Rasur der Mutter die Barthaare zugeschickt hatte. Und die Geschichte von der Hochzeitsreise nach Italien, lange vor dem Krieg, 1905, in der offenen Kutsche durch die Po-Ebene, und die jubelnden Italiener am Straßenrand, ihnen zuwinkend, mit deutschen Fahnen, wie nett, wie wirklich überraschend nett, allerdings eher zufällig, weil kurz nach ihnen das deutsche Kaiserpaar erwartet wurde und es diese frappierende Ähnlichkeit gab, nicht zwischen ihrer Mutter und Kaiserin Auguste Viktoria, das nicht, sehr wohl aber zwischen ihrem semmelblonden Vater und Wilhelm II. Also hatten sie, Karl und Agnes Groß, den freundlichen Italienern zurückgewinkt.

Drei Frauen sind von der Isle of Man geflohen. Sie haben einem Fischer Geld gegeben, fünf Pfund pro Kopf. Er hat sie herübergefahren nach Irland. Von Dublin aus haben sie der Lagerkommandantin, Dame Joanna Cruikshank, eine Postkarte geschrieben. Auch das ist vielleicht nur ein Gerücht. Aber es kursieren weitere Geschichten über geplante Fluchten. Daher sieht Dame Cruikshank die Zeit gekommen, den Internierten mitzuteilen, was richtig ist und was falsch. Im Vortragssaal zu Port St. Mary setzt sie zuerst eine »Baby Show« an, als amüsantes Auftaktprogramm. Alle Frauen, die kleine Kinder haben, führen diese vor. Alle anderen Frauen sollen sich an dem Nachwuchs erfreuen. Dann spricht die Kommandantin über die nun strenger werdenden Regeln im Camp und über eine bei kollektivem Wohlverhalten möglicherweise zukünftige Lockerung der gerade verschärf-

Ilse Groß mit ihrem Vater. Im Hintergrund: Verwandtschaft.

ten Maßnahmen. Zum Abschluss sagt sie den Frauen noch etwas, was sie ihnen schon lange habe sagen wollen. Dass es nicht darauf ankomme, wo man sich aufhalte, und nicht auf die Bedingungen, unter denen man lebe. Das Glück sei etwas, für das man immer selbst verantwortlich sei.[33]

Die Internierte Ilse Gross will Christin werden. Später wird sie schreiben, dass der christliche Glaube ihr auf der Isle of Man Liebe versprochen habe und Vergebung. Dass er weniger das Gesetz in den Vordergrund zu stellen schien als das Judentum.

Sie könnte sich die Kirche ihres Verlobten auswählen, die »Church of England«. Die anglikanische St. Mary's Church steht unübersehbar in der Mitte von Port St. Mary. Aber Ilse will alle Möglichkeiten ausloten. Also besucht sie sämtliche Religionsgemeinschaften in ihrem Inselteil: die Baptisten und die Methodisten und die Siebenten-Tags-Adventisten und die Gemeinschaft, die sich die »Plymouth Brethren« nennt.

Die Methodisten überzeugen sie. Predigten haben Wucht. Laien kommen zu Wort. Die Gemeinde singt mit Leidenschaft. Sie sucht einfache Rituale, ein Zuhause. In Bingen machten die katholischen Prozessionen mit allen Details deutlich, dass ein jüdisches Mädchen aus der Gaustraße nicht dazugehörte. Methodistische Gottesdienste bieten das exakte Gegenteil. Alle sind willkommen. Sonntags geht sie zweimal zur Kapelle am Hafen, morgens und abends. Sie betet. Sie singt. Sie ist nicht allzu musikalisch. Aber hier entscheidet Begeisterung, nicht Begabung. Im Hinterzimmer der Kapelle wird sie im September 1940 getauft. Die Urkunde hebt sie sich sorgfältig auf. Der Glaube wird nicht lange halten.[34]

Geoffrey hat ihr ein sehr nützliches Päckchen auf die Insel geschickt: eine achthundertseitige globale Literaturgeschichte, verfasst von Ford Madox Ford. *The March of Literature* beginnt in den Zeiten König Amenhoteps II., achtzehn Jahrhunderte vor Christi Geburt, und endet mit Dostojewski.

Ford Madox Ford sagt, es sei nicht nationalistisch, zu behaupten, dass die englische Lyrik des siebzehnten Jahrhunderts, etwa die von George Herbert, das Beste sei, was je in irgendeinem Land und zu irgendeiner Zeit geschrieben worden sei.[35] Ilse liebt George Herbert.

Jemand rät ihr auf der Isle of Man, sie sollte keine Gedichte mehr verfassen. Das würde ihr als Nicht-Muttersprachlerin nichts nützen. Mit Prosa solle sie es versuchen. *The March of Literature* sagt, dass die große Erzählliteratur der Zukunft eine Fusion sein müsse von Dostojewskis genialem psychologischem Verständnis des Menschen und den Techniken der französischen Impressionisten, etwa Maupassants. Der Autor, die Autorin müsse sich unsichtbar machen: »to make you see«.[36]

Sie hat jetzt drei Jobs. Dem methodistischen Pfarrer gibt sie Deutschunterricht. Sie strickt Socken und Pullover. Und einigen älteren Damen bringt sie Englisch bei. Kompliziert, diese Sprache. Das »ough« wird in »though« ganz anders ausgesprochen als in »trough«. Und dann wieder anders in »plough«. Als Lehrwerk benutzt sie: *The March of Literature*.

Geld braucht sie für Monatsbinden, Zahnpasta, Schuhsohlen, für Brötchen vom Bäcker, die den Hunger stillen. Der Speiseplan in ihrer Pension hat sich nicht geändert. Was übrig ist, gibt sie für Konzerte und Vorträge aus. Einmal in der Woche macht sie sich auf den Weg nach Port Erin und besucht einen Kurs in Bildhauerei.

Ein paar Mal gibt es Bombenalarm auf der Isle of Man. Aber sie sind weit weg von den wirklichen Schrecken des Kriegs. Am »Black Saturday«, dem 7. September 1940, wird London erstmals angegriffen. Damit beginnt der »Blitz«. Fast in jeder Nacht fallen in diesem Herbst deutsche Bomben auf Großbritannien. In den letzten vier Monaten des Jahres 1940 sterben 13 000 Menschen allein in der Hauptstadt. An Tagen mit Ostwind meint man im Lager, die Bombardierungen der Küstenstädte zu hören. Deutsche Flugzeuge, die Liverpool angegriffen haben, fliegen über die Irische See zurück. Es kursieren Gerüchte, dass deutsche Fallschirmjäger in England gelandet seien.[37]

Im Herbst wird es kalt. Ilses Wirte sparen nicht nur am Essen, sondern auch an der Kohle. Wenn die Gastgeber in die Kirche gegangen sind, steigt ein »enemy alien« in den Keller herunter, nimmt ein paar Briketts mit hoch und sie machen es sich für kurze Zeit ein bisschen wärmer als sonst. Das Gespräch kreist ständig darum, in welchem Haus man es besser aushält. Es könnte sein, dass im pfirsichfarbenen Grand Hotel öfter heißes Wasser aus dem Hahn kommt als in den kleinen Unterkünften.

In Bingen war der Herbst die beste Jahreszeit. Ochsen zogen mit Trauben beladene Karren durch das Hoftor des Hauses in der Gaustraße. Die Ochsen standen dann im Hinterhof, die Karren wurden entladen, die Ochsen ließen Fladen fallen, die Fladen wurden mit Wasserschläuchen weggespült. Die drei Weinpressen liefen ständig, wurden gefüllt, entleert, wieder gefüllt. Die Jungen, die die Ochsen festhielten, waren die Söhne der Winzer vor den Toren der Stadt, so wie die Weinhändler die Söhne der Weinhändler vor ihnen waren. In den Büros der Firma W. Gross saßen Sekretärinnen an Schreibmaschinen und tippten. Unter den Häusern in der Gaustraße lagen die Keller, in denen aus Most Wein wurde. Im Haus nebenan, Gaustraße 13, hatten die Augsteins ihre Weinhandlung gehabt und sie aufgegeben, waren nach Norddeutschland umgezogen. Irgendwann wird einer ihrer Sprösslinge versuchen, mit einem »Nachrichtenmagazin« erfolgreich zu sein.[38]

Im Bingen ihrer Kindheit kannte jeder jeden. Die Telefonnummern bestanden aus zwei Zahlen. Es gab eine Straßenbahn mit genau einem Gleis. Ilse ging zur Schule mit den Töchtern des Bäckers, des Briefträgers, des Fotografen. Wie schön vertraut das war und wie nach 1933 jeder, der als »arisch« galt, genau wusste, wer in Geschäften und auf der Straße ignoriert, beleidigt, beworfen werden konnte.

Am Ende der Herbsttage, noch in den anderen Zeiten, lief in der Küche die Kartoffelschälmaschine und das Gulasch kochte und dann auch die Kartoffeln, und im Hinterhof saßen an langen Tischen die Winzer und die Helferinnen und Helfer und die Weinhändler, ihr Vater und ihre beiden Onkel, urwüchsige Binger. Dann wurde das Essen auf die Tische gestellt. Am Morgen danach, kurz nach Sonnenaufgang, bog wieder der erste mit Trauben beladene Ochsenkarren in die Gaustraße ein und rollte in den Hof.

Das sind Ilses Kindheitserinnerungen an das harmonische Miteinander von nichtjüdischen Winzern und jüdischen Weinhändlern. Sie stimmen. Natürlich. Und stimmen wieder nicht. Schon lange vor 1933 waren Firmen wie W. Gross Söhne, in Bingen und anderswo, das Ziel von antisemitischen Attacken. Die Presse polemisierte gegen kleinstädtische jüdische Kaufleute, die sich, so die Verschwörungstheorie, zusammengeschlossen hätten, um deutsche Weinbauregionen zu vernichten. Diverse Gerichtsprozesse wurden gegen jüdische Weinhändler angestrengt: weil sie angeblich den »Naturwein« verfälschten, ihn zu »Kunstwein« machten. Eine Zeitung nahm sich Psalm 137,1 als Vorlage: »An den Wasserflüssen zu Babylon saßen sie und weinten, an den Weinflüssen Deutschlands sitzen sie und wässern.« So verhöhnte man deutsche Juden um 1900.[39]

Weinlese in Bingen, um 1930.
In der ersten Reihe, Dritte von rechts: Ilse Groß.

Es wird Winter auf der Isle of Man. Schornsteine brechen im Sturm ab. Ilse will Geoffreys Weihnachtspaket abholen. Auf dem Weg bläst der Wind sie um. Sie liegt auf der Straße, auf dem Rücken. Kommt wieder hoch. Stemmt sich weiter voran. Ihr erscheint das symbolisch. Bei George Herbert kommt so etwas vor, in »The Affliction (I)«, einem Gedicht über eine Person, die vom glücklichen Leben mit »furniture so fine«, mit »flow'rs and happiness« und »glorious household-stuff« herabsteigt in das Unglück. Herbert schreibt, im Jahr 1633, wie jemand sich an die glücklichen Zeiten erinnert und den Schmerz kennenlernt und die Trauer und immer dünner wird, »thin and lean«, und von jedem Sturm und Wind durchblasen wird. Vom Glauben an Gott, darum geht es bei Herbert immer, wird das Ich dennoch nicht lassen. Oder vielleicht doch? Über die letzte Zeile kann man lange nachdenken: »Let me not love thee, if I love thee not.«[40]

Der Bechsteinflügel steht nicht mehr im Musikzimmer der Eltern. Karl und Agnes Groß müssen die Binger Wohnung nun mit mehreren ebenfalls jüdischen Familien teilen. Sie selbst wohnen in der Kammer, in der früher Ilses Kindermädchen schlief. Irgendwann werden sie nach Frankfurt am Main weiterziehen und dort ein Zimmer finden.

Im Frühjahr 1940 befindet sich der Flügel zusammen mit Möbeln und Teppichen in einem Container in Rotterdam. Der Behälter ist in der Zuversicht befüllt worden, dass die Familie Groß bald in die Vereinigten Staaten auswandern wird. Er wartet auf sie, bis die Deutschen Rotterdam bombardieren, am 14. Mai 1940, und auch den Container mit dem Flügel darin zerstören.

Spät im Jahr 1940 tagen Tribunale auf der Isle of Man. Sie sollen entscheiden, wer das Camp verlassen darf, in die Freiheit. Seit dem Untergang der Arandora Star erscheint britischen Politikern die Internierung von Flüchtlingen nicht mehr als die beste aller Ideen.[41]

Bevor man sie entlässt, muss man viertausend Frauen verhören. Die Kommandantur hängt immer wieder neue Listen in das Schaufenster des Lebensmittelgeschäfts von Port St. Mary. Wer seinen Namen dort findet, muss morgens bereitstehen, in den polizeilich bewachten Bus nach Douglas steigen, sich dort interviewen lassen, zurück ins Frauenlager kommen und dann wochenlang auf die Entscheidung warten. Aus den Berichten der aus Douglas Zurückgekehrten ergibt sich, dass das Tribunal gelegentlich charmant wirkt und gelegentlich streng. Es gibt Fälle von jüdischen Frauen, die auf der Insel bleiben müssen, und solche von bekennenden Nationalsozialistinnen, die als freie Menschen Richtung Liverpool fahren.[42] Nichts ist vorhersagbar.

Am Morgen des 17. Dezember 1940 nimmt Ilse Gross den Bus nach Douglas. Sie erscheint vor dem Tribunal. Als zwei Monate später Dora Diamant, im Süden der Isle of Man »Dora Kafka« genannt, in Port Erin einen Liedernachmittag inszeniert – jüdische Volkslieder und Anekdoten, Motive aus *Der Dybbuk* und chassidische Melodien, Beginn: 15:30 Uhr –, ist Ilse noch immer interniert.[43]

4

LONDON

Ein rosafarbenes Kleid zieht sie an. Einen marineblauen Hut setzt sie auf. Die Säume ihres Kleids sind ebenfalls marineblau. »Until further order« ist Ilse Gross, gerade zwanzig geworden, von der Internierung befreit. Seit dem 4. Februar 1941 lebt sie nicht mehr auf der neuntgrößten, sondern wieder auf der größten britischen Insel: Great Britain. Sie wird von einem Pfarrer der »Elmers End Free Church« in die anglikanische Kirche von West Wickham begleitet. In der Hand trägt sie das *Book of Common Prayer*. Als Trauzeuge fungiert Geoffreys Bruder.

Die Lokalzeitung von West Wickham berichtet im März 1941 über Hochzeit, Kleid, Hut, Säume des Kleids und Gebetbuch unter der Überschrift »Refugee Bride«. Ilse Gross sei die Tochter von »Mr. and Mrs. Karl Gross« und habe Deutschland kurz nach der Machtübernahme verlassen. Sie sei »a refugee from Nazi oppression«, so die *Bromley & District Times*. Nach einem Empfang bei den Eltern des Bräutigams habe sich das Paar aus West Wickham in Richtung Northwood, Middlesex, verabschiedet.

Falls es sich dabei um eine Hochzeitsreise handelt, führt sie von einem südlichen in einen nordwestlichen Vorort von London.

Nun liegt Ilse, das ist anzunehmen, mit Geoffrey in einem Bett und nicht mehr mit ihrer Mitinternierten. Sie hat ihr »Aliens Registration Book« abgegeben. Sie besitzt einen britischen Ausweis. Möglicherweise hat sie auf der Isle of Man viel Deutsch gesprochen. Jetzt beginnt wieder ein neues Leben.

Viele jüdische Flüchtlinge benennen sich in Großbritannien um: manche aus Angst vor einer deutschen Invasion, manche, um ihren neuen Mitbürgern die Aussprache zu erleichtern. Abrahamson wird zu Ambrose, Rosenthal zu Rosen.[44] Das ist in ihrem Fall nicht nötig. Es gibt keine Spur mehr von »Gross«, und von »Groß« ohnehin nicht. Sie heißt Ilse Pittock-Buss – erst einmal.

Aus Northwood kommen die Frischvermählten zurück und wohnen zuerst bei Geoffreys Eltern. Dann finden sie eine eigene Wohnung. Es gibt einen Ausdruck hier, »non-blitzers«, für die vermeintlich nicht besonders heldenhaften Leute, die erst nach den schlimmsten Bombardierungen in die Hauptstadt gekommen sind.[45] Wahrscheinlich gibt es keinen eigenen Begriff für jene, die Attacken wegen eines Lageraufenthalts verpasst haben.

Und die Angriffe sind nicht vorbei. Ilse überlebt die Nacht, die »The Wednesday« genannt wird: die vom 19. auf den 20. März 1941, als deutsche Flugzeuge das East End zerstören. Sie überlebt die Nacht auf den 20. April 1941. Das ist die schwerste Bombardierung, wenn man nur die abgeworfenen Tonnen zählt. Sie überlebt den »Full Moon«, vom 10. auf den 11. Mai 1941, als das House of Commons brennt und über 1400 Londoner sterben.[46]

Haushaltshilfe ist Ilse nicht mehr. Sie arbeitet als Sekretärin ihres Gatten. Geoffrey schreibt weiter für Zeitungen und geht daneben einer Reihe von Aufgaben nach. Er hat eine Organisation zur Beförderung der Völkerverständigung gegründet und einen Ver-

1941: Eheschließung mit Geoffrey Pittock-Buss.
Unter dem Namen Howard Kent wurde Ilses erster Mann
in den Siebzigerjahren zu einem der führenden Yoga-Experten
Großbritanniens.

lag, der Antikriegsliteratur veröffentlicht. Er ist Mitglied in der pazifistischen Peace Pledge Union und aktiv für die Indian Freedom Campaign. Er steht im Hyde Park auf einer Kiste oder in einer Einkaufsstraße, irgendwo in einem Vorort, und fordert das Ende des britischen Kolonialismus.

Nach einiger Zeit stellt sich heraus, dass Ilses sehr aktiver Ehemann gern eine offene Beziehung mit ihr führen würde. Er hat schon eine Kandidatin zwecks Öffnung gefunden, eine Kollegin aus einer Zeitungsredaktion, und hat dieser versprochen, das Wochenende mit ihr zu verbringen. Ilse findet das Konzept nicht überzeugend. Dennoch schläft sie mit einem Freund, um zu zeigen, dass sie nicht von gestern ist.

Sie will Geoffrey verlassen und sucht und findet ein Zimmer. Die Vermieterin eröffnet ihr, sie würde einen Anteil von Ilses Einkünften für sich behalten. Es handelt sich um ein Missverständnis. In ein Bordell will sie nicht ziehen. Sie sucht weiter. In Bayswater hat sie Erfolg, nahe der Kensington Gardens. Das Haus ist ruhig und sauber. Aus dem Zimmerfenster hat sie einen schönen Blick auf einen Kirchturm. Noch.

Sie wohnt zum ersten Mal allein und liebt es. Ihre eigenen Bücher räumt sie ins Regal, ihre eigenen Kunstdrucke hängt sie an die Wand, auf ihrer eigenen Heizplatte brät sie sich Eier. Im Bad gibt es hier immer heißes Wasser. Das ist extremer Luxus. Sie schläft mit ihrer Handtasche im Arm. Darin sind Ausweis, Geld, Lebensmittelkarten. Sie legt sich ihre beste Kleidung zurecht, um sie im Fall eines Angriffs zu retten. Die Bomben fallen. Der Kirchturm steht bald nicht mehr.

Diese Vermieterin hat ihr beim Einzug gesagt, dass sie nichts gegen Herrenbesuche habe. Es handle sich aber um ein respektables Haus. Es ist aufregend, irgendwie zauberhaft, das wird Ilse Pittock-Buss später unter anderem Namen schreiben, aus der

U-Bahn zu kommen, vielleicht mit einem Mann zusammen, die Lichtkegel der Suchscheinwerfer am Himmel zu beobachten, ein abgedunkeltes Auto vorbeischleichen zu sehen. Sie ist Engländerin. London gehört ihr. Sie ist kein »enemy alien«. Ihr Bett ist ziemlich unbequem, wenn man zu zweit darin liegt. Aber so wichtig ist der mangelnde Komfort dann auch wieder nicht.

Im Erdgeschoss wohnen zwei Frauen, ein Paar. Bei ihnen unten ist es während der Angriffe sicherer als in den oberen Etagen. Alle steigen also bei Bombenalarm aus den Betten und kommen die Treppen zu den beiden herab. Eine junge Frau, das fällt Ilse auf, stößt immer als Letzte dazu. Sie wird stets von einem Soldaten begleitet. Khakifarben ist seine Uniform, hell sein Haar. Irgendwann wird Ilse klar, dass es gar nicht immer der gleiche blonde Soldat ist, sondern wechselnde blonde Soldaten. Die Streifen auf den Schultern unterscheiden sich. Ilses Scham lässt nach. Bald taucht sie auch nicht mehr allein unten auf.

Sie liegen auf den Sofas, in den Sesseln und auf dem Boden. Sie warten. Nichts hört man in diesen Nächten aus den Häusern von London. Keine Musik, keine Stimmen. Man sieht keinen Lichtstrahl. Der Überlebenswillen der Stadt äußert sich darin, dass die Menschen zu Hause bleiben.[47]

In Bingen hatten die jüdischen Mädchen einen zionistischen Club gegründet: nach den Osterferien 1933, als sie früher von der Schule nach Hause gehen mussten, weil für die angeblich arischen Schülerinnen der Rasseunterricht abgehalten wurde. Es fühlte sich gut an, einen blauen Rock und eine weiße Bluse anzuziehen und bei den Vereinstreffen nicht für Integration zu argumentieren, in einer immer diskriminierenden Gesellschaft, sondern Pläne für die jüdische Heimat zu entwickeln. Und Theodor Herzl zu verehren. Die Jugendorganisation des deutschen Diktators marschierte durch die Gaustraße, um dort »Köpfe rollen, Juden heulen« anzustimmen. Jeder wusste, dass in vielen der Häuser dort jüdische Familien wohnten. Ilse war körperliche Arbeit völlig fremd. Aber für eine Weile träumte sie von einem Leben im Kibbuz, als Ackerbäuerin, in einem Land ohne Antisemiten. Sie war erst Zionistin, dann Methodistin, und nun ist sie Pazifistin. Das ist jetzt, in England, keine einfache Position, wenn man einen deutsch-jüdischen Hintergrund hat. Der Schriftsteller John Middleton Murry macht sich zum Sprachrohr der Friedensbewegung. Ein Eingreifen der Amerikaner in den Krieg hält er für unnötig. Was im von den Deutschen besetzten Europa mit den Juden geschehe, sagt er, werde so schlimm schon nicht sein.[48]

Mit Geoffrey ist Ilse weiterhin befreundet. Sie arbeitet für ihn, liest Gandhi, wie er, und ist davon überzeugt, dass sich mit passivem Widerstand und zivilem Ungehorsam mehr erreichen lässt als damit, Krieg zu führen. Sie liest Aldous Huxley, für den der moderne Mensch hohl ist und ein sinnloses Leben lebt. Er befasse sich nur mit Spiel, Sport und leerer Unterhaltung. Weil den Menschen diese externen Stimuli nicht ausfüllten, sagt Huxley, lasse er sich von Kriegspropaganda beeinflussen. Liebe und Achtsamkeit: Das seien die Tugenden, auf die es stattdessen ankäme.[49] Das findet sie überzeugend.

Mit den Pazifistinnen und Pazifisten geht sie gern und oft in Pubs. Weil das Bier rationiert ist, muss man im Laufe mancher Abende weniger vertrauenerweckende Getränke zu sich nehmen, etwa: Schlehenlikör, bis es auch den nicht mehr gibt. Aber auch dann bleibt man im Pub, weil nach Hause zu gehen zu langweilig wäre.

An einem Sommerabend des Jahres 1943, sie ist bei Freunden eingeladen, werden ihre Diskussionen immer wieder unterbrochen. Im Radio läuft Arsenal gegen Charlton. Am Ende steht es 7 : 1. Huxley würde wohl jedes der acht Tore als einen der »external stimuli« definieren, mit denen der moderne Mensch versucht, sein leeres Leben zu füllen. Jemand kommt später zu dem Treffen dazu, ist noch ganz ergriffen, war mit dabei, beim »South Final« des »War Cup« der englischen Fußballliga. In Wembley. »In« Wembley? Ilse hatte gedacht, bis zu diesem Moment, »wembley« sei ein englisches Verb: »to wembley«. Offensichtlich nicht. Menschen hätten geweint, sagt dieser Pazifist, Soldaten in Uniform und Leute wie er, alle in Tränen, auf den Rängen, als sie vor dem Spiel zusammen »Abide with Me« gesungen hätten, 70 000 Menschen. Es wird immer dunkler. Bleib bei mir. Wenn es keinen Trost mehr gibt. Abide with me. In Deutschland singen die Massen andere Lieder.

Jeden Tag hat ihr Vater in Bingen im Café gesessen, mit seinem Bruder Isidor und seinem Schwager Marx. Bei ihm ist das ein Vor- und kein Nachname. Sie haben dort immer Skat gespielt, nie ein anderes Spiel. Sie erinnert sich daran, wie oft einer der drei früh im Spiel die Karten einfach auf den Tisch warf, weil ohnehin klar war, wie es ausgehen würde.

Seit März 1943 arbeitet Ilse in der Nähe der Euston Station. Sie ist nun Sekretärin des Indian Freedom Campaign Committee. Sie sitzt in den Meetings und schreibt die Diskussionen darüber mit, wie Indiens Freiheit am schnellsten erlangt werden könnte.

Von der Lage ihrer unfreien Eltern weiß sie nichts. Im Dezember 1942 hat Außenminister Anthony Eden stellvertretend für die Alliierten die massenhafte Ermordung europäischer Juden öffentlich verurteilt. Seitdem gibt es immer grauenhaftere Nachrichten. Sie kann nur das Schlimmste befürchten.[50]

Auf dem Heimweg nach Bayswater kommt Ilse Pittock-Buss an der Marylebone Library vorbei. Sie macht dort eine Entdeckung: Henry James' *The Sacred Fount*. Elegante Prosa. Lange, komplizierte Sätze. Vornehme Protagonisten, die geistreiche Unterhaltungen führen. Die Fenster der Bibliothek sind verdunkelt. Ilse sitzt an einem der Tische, den Roman in der Hand. Sie fühlt sich sehr erwachsen. Endlich kann sie sich wieder bilden.

Da ist dieser Ich-Erzähler, von dem man nichts weiß, nicht einmal seinen Namen, und er fährt übers Wochenende aufs Land, zu einem gesellschaftlichen Ereignis. Schon im Zug begegnet er dem Problem, mit dem er sich die nächsten dreihundert Seiten lang befassen muss. Warum sieht Mrs. Brissenden plötzlich so viel jünger aus? Und warum Mr. Brissenden so viel älter? Wie hängt das miteinander zusammen? Größer wird das Thema nicht werden. »*Quoi donc?*«, wird kultiviert gefragt, wenn der Erzähler möglicherweise zu einem Zwischenergebnis seiner Recherchen gekommen ist, aber dann antwortet er: »I'll tell you tomorrow. Good night«, und das Kapitel endet und ein neues beginnt und auch darin wird es keine entscheidenden weiteren Erkenntnisse geben. Ein Kritiker sagt, Henry James habe in *The Sacred Fount* wohl »nothing out of nothing« gemacht.[51]

Ilse wird die nächsten sieben Jahre damit beschäftigt sein, sich so weit wie möglich durch Henry James' Gesamtwerk hindurchzuarbeiten: zwanzig Romane, mehr als einhundert Erzählungen. Um feine Sensibilität geht es bei James, nicht um mitreißende Handlung. Darum, wie man die Welt wahrnimmt und jede Gefühlsregung – in einem selbst, in anderen. Hinter der Kunst, Literatur zu produzieren, sagt James, stecke ein Mensch »on whom nothing is lost«.[52]

Ilse läuft die Tottenham Court Road entlang, im Juni 1944, und sie hört ein seltsames Brummen. Sie hört, wie die Leute die Glasscherben zerborstener Scheiben zusammenfegen, aber eben auch dieses monströs dunkle Geräusch am Himmel. Sie hat den »Baby

Blitz« überlebt, Januar bis April 1944, vierzehn Bombennächte lang. Jetzt schicken die Deutschen Marschflugkörper: die V1, dann die V2. Wenn man eine V2 hört, sagt man, hat man sie entweder überlebt oder man ist schon tot. Auf der Tottenham Court Road bleibt Ilse am Leben.

Am 8. März 1945 trifft eine Rakete Smithfield, den großen Fleischmarkt in London. Leute stehen gerade in langen Schlangen an. 110 von ihnen werden getötet. Später im März wird ein Krankenhaus getroffen, eine Kirche, Wohnhäuser in Stepney. 140 Menschen sterben. Am 1. April 1945 landet eine V2 in einem Garten in Orpington, gleich neben West Wickham, wo Geoffreys Eltern wohnen, und Ivy Millichamp, vierunddreißig Jahre alt, steht in der Küche ihres Bungalows, ihr Mann Eric schläft, er ist Schichtarbeiter, und die Explosion tötet Mrs. Millichamp. Sie ist die letzte britische Zivilistin, die im Zweiten Weltkrieg ihr Leben lässt.[53]

Am 8. Mai 1945 spricht Winston Churchill im Radio und sagt: »This is your victory.« Dies sei nicht der Sieg einer Partei oder einer Klasse, sondern der Triumph der »great British nation as a whole«. Er tritt hinaus auf den Balkon des Gesundheitsministeriums. Die Massen unten auf dem Platz singen »For He's a Jolly Good Fellow«.

Der Balkon von Buckingham Palace wird mit rotem Samt dekoriert. Abends tritt die königliche Familie auf. Viele Londoner sind zu diesem Zeitpunkt schon ziemlich betrunken. Die Rationierung von Bier wurde für diesen Tag aufgehoben. Aufgeblasene Kondome wehen durch die Stadt. Der König hat sich eine Marineuniform mit goldenen Bändern angezogen. Prinzessin Elizabeth, gerade neunzehn geworden, trägt die Uniform der Frauenabteilung des britischen Militärs. Immer wenn die Windsors sich anschicken, den Balkon wieder zu verlassen, ruft die

Menge »We want the king«. Dann bleibt die repräsentative Herr-scherfamilie noch ein bisschen draußen stehen.[54]

Das Wort »Belsen« fällt immer wieder. Aus diesem Lager, befreit von der britischen Armee, hören und sehen die Engländer die schrecklichsten, unvorstellbarsten Berichte, abgedruckt in Zei-tungen und Zeitschriften, auf die Leinwand gestrahlt in Kino-Wochenschauen. Viele Menschen in Großbritannien werden sich ein Leben lang an die Bilder der Leichen und der ausgemer-gelten Überlebenden erinnern.

»Belsen« steht im Vereinigten Königreich repräsentativ für die Verbrechen der Deutschen. Andere Lagernamen werden in den Medien kaum genannt. Noch Jahre später werden englische Kinder »Belsen« rufen, wenn ein Mitschüler besonders dünn wirkt. Dass die gefilmten und fotografierten Menschen zumeist jüdische Opfer waren und dieses norddeutsche Lager nur ein Be-standteil eines gigantischen antisemitischen Vernichtungssys-tems: Diese Punkte erwähnen die Berichte nicht. Es soll wohl nichts von Großbritanniens militärischem Triumph ablenken.[55]

Ilse macht im Sommer 1945 Urlaub am Wye. Sie ist per Anhalter unterwegs. Der Wye entspringt bei Plynlimon, fließt durch die walisischen Moore, biegt bei Aberllynfi nach Nordosten und strömt dann aus Wales nach England und an den Ruinen der Tintern Abbey vorbei. Hier hat Wordsworth gedichtet und Tur-ner gemalt.

Sie liest am Wye *Loving* von Henry Green. Der Roman ist gerade erst erschienen. Er erzählt von den Bediensteten in einem Landhaus in Irland, das Engländern gehört. Nur um einen Kriegssommer geht es, im Jahre 1941.

Vierundzwanzig Jahre alt ist sie, als sie *Loving* liest. Mit fünf-undachtzig, in den letzten Wochen ihres Lebens, wird sie einen

Artikel über Green in der Literaturbeilage der Londoner *Times* finden und ihn per Post einer Freundin schicken. Niemand kenne noch Green, wird sie schreiben. Aber sie habe ihn gelesen. Sie wisse heute noch, wie sie ihn gelesen habe.

Green macht den Butler, die Köchin, die Dienstmädchen so lebendig. *Loving* ist keine Sozialreportage über das vermeintlich wahre Leben der unteren Klassen, sondern psychologische Literatur. Der Autor scheint die Hausangestellten voll und ganz zu verstehen: ihre Stärken, ihre Schwächen, ihr Verlangen, ihre Ängste. Zwei Dienstmädchen ziehen die Wäsche vom Bett ab, im Schlafzimmer der Herrschaft, denn die Herrschaft hat ihren Saphirring verloren und das Personal muss ihn suchen, und die eine junge Frau steht auf der einen Seite des Betts und die andere auf der anderen, und die eine gesteht der anderen, wie sehr sie insgeheim den Butler liebe – »I love Charley Raunce I love 'im I love 'im« – und dass sie sich für diesen Mann die Adern ihres rechten Arms aufschneiden würde. Dann geht sie aus dem Zimmer. Die andere bleibt zurück und sagt, eigentlich zu sich selbst: Das habe sie ohnehin schon gewusst, so geheim sei das nicht gewesen. Aber ihr Gesicht zeigt nicht nur Befriedigung, sondern auch Schmerz. Und sie steht in einem leeren Schlafzimmer, das nicht ihres ist.[56]

Im Bloomsbury House kann man herausfinden, wer die Lager der Deutschen überlebt hat. Dort befindet sich das Zentrum jüdischer Hilfsorganisationen in London. Ilse macht sich auf den Weg. Sie steht in einer Schlange an, tritt in das Gebäude, ins Gedränge, geht von Raum zu Raum, schaut an den Wänden auf Listen mit Namen. In der Rückschau, Jahrzehnte später, wird sie zugeben, dass sie nicht nur mit Hoffnung auf diese Aushänge geschaut habe. Sie hat Geld gespart, wann immer es ging. Aber was würde sie tun, wenn ihre Eltern wirklich zu den Überlebenden zählten? Wenn sie nach London kämen, als alte, gebrochene Opfer? Es ist ihr klar, was für einen Unterschied es dann gäbe zwischen den trostspendenden Eltern ihrer Träume und den tatsächlichen Überlebenden. Sie findet ihre Namen nicht.

Von Oktober 1945 an arbeitet sie als Sekretärin der Psychoanalytikerin Kate Friedlander, früher Käte Frankl, aus Innsbruck über Berlin nach London gekommen. Friedlander erstellt Studien zu jugendlichen Straftätern. Es gelte, sagt sie, die Bedürfnisse heutiger junger Menschen zu verstehen. Deren emotionale Entwicklung sei gestört, weil ihr Familienleben in Kriegszeiten so unsicher gewesen sei. Diese jungen Leute seien genauso Opfer des Zweiten Weltkriegs wie jeder verwundete Soldat. Man müsse ihnen helfen, »useful citizens« zu werden.[57] Friedlanders Schreibkraft tippt die Erkenntnisse ab.

»Adolescence« betitelt Ilse eine ihrer ersten Erzählungen. Sie nennt sich als Schriftstellerin Kathrine Pittock. Es ist das erste ihrer zwei Pseudonyme.

Sie erzählt von einer jungen Frau, einer Haushaltshilfe, die mit dem Kind, das sie betreut, in den Park geht und in der »hungrigen Stunde vor dem Mittagessen« über Lyrik nachdenkt. Das Mädchen begegnet einem jungen Mann. Sie schaut in seine blauen Augen und ihr Leben könnte sich ändern, aber dann hält sie seine Augen doch für zu blau und den Frühling für zu emotional. Denn dieses Mädchen hat keine Emotionen. »I live at the bottom of the sea«, sagt sie über sich selbst. Nachts kommt die Vergangenheit zu ihr zurück: eine Wiese in der Hitze des Sommers, eine blühende Linde, ein warmes, braunes Zimmer. Aber während die Gegenwart dieses Mädchens eindeutig englisch ist, eine Welt mit Bussen, Teekannen, Parks, ist der Ort ihrer Kindheit nicht zu identifizieren. Den Krieg erwähnt die Autorin mit keinem Wort. Ihr Englisch ist simpel und klar. Auf Deutsch zu schreiben ist keine Option.[58]

Ilse zieht um nach Horsham, sechzig Kilometer von London entfernt. Sie ist nun Sekretärin in einer Klinik für Heranwachsende mit psychischen Problemen. Kate Friedlander hat sie dorthin mitgenommen. Nach der Arbeit wartet Ilse in den Schlangen vor den Lebensmittelläden. Das Markenheft hält sie in der Hand. Selbst für Zwiebeln muss sie anstehen. Das Kino von Horsham zeigt Kriegsfilme: große Heldengeschichten. Italienischer Neorealismus läuft, wenn sie Glück hat.

Zwischendurch fährt Ilse nach London und legt die Hand auf ein Telefonbuch. Geoffrey und sie lassen sich scheiden, im November 1946. Es ist eine seltsame Zeremonie. Man muss, das sind die Gesetze, von einer schuldigen Partei ausgehen und den Akt des Betrugs an der anderen Partei beweisen. Die andere Partei, Ilse in diesem Fall, muss makellos tugendhaft sein. Sie haben vorher genug überzeugende Geschichten verabredet, um die Zeremonie hinter sich zu bringen. Es fehlte nur die Bibel, auf der sie ihre Hand eigentlich platzieren sollte. Also wurde improvisiert.

In Horsham muss sie schnell sein, wenn sie an neue Bücher kommen will. Das Papier ist rationiert. Wenn eine neue Ausgabe von *Penguin New Writing* erscheint, läuft sie in der Mittagspause von der Klinik in den Buchladen, dann wieder zurück, blättert im Gehen den neuen Band durch, liest nach der Arbeit alle Kurzgeschichten, Gedichte, Essays in einem Schwung und dann alles noch einmal. Walter Allen sagt in *Penguin New Writing* über Henry Green, dass dieser der einzige wirkliche Künstler in der britischen Literatur sei. Alle anderen Autoren: viel zu politisiert, viel zu autobiografisch. Henry Green dagegen finde man nicht in seinen Werken, sondern außerhalb.[59]

Im Februar 1947 hört die Sonne auf zu scheinen. Möglicherweise für immer. Es beginnt die längste komplett sonnenlose Periode, die je in England aufgezeichnet wurde. Und es friert, pausenlos. Ein Schneesturm nach dem anderen bricht über die Britischen Inseln herein. An Kohle fehlt es. Nie hat es zuvor an Kohle gefehlt. Eine Naturkatastrophe trifft auf eine Energiekrise. Das Gas wird rationiert. Windhundrennen dürfen nicht mehr stattfinden: Das ist eine der ersten Maßnahmen, die die Regierung beschließt. Ihr Nutzen: unklar. Der elektrische Strom wird jeden Tag fünf Stunden lang abgestellt. Für Friseure wird eine Ausnahme gemacht. Elektrische Dauerwellenapparate dürfen sie durchgehend benutzen. Leuchtreklamen aber müssen abgeschaltet werden. Das Format von Tageszeitungen wird verkleinert. Die Briten frieren in ihren Wohnungen. Sie trinken um einiges mehr, weil das wärmt, aber die Alkoholproduktion ist nicht systemrelevant und wird deshalb gedrosselt. Die Turmuhr von Big Ben bleibt im Frost stehen. Drei Millionen Menschen verlieren ihre Arbeit. Dazu gehört der britische Energieminister. Er hatte es, da ist sich die Öffentlichkeit weitgehend einig, im Herbst versäumt, genug Kohle zu bestellen.[60]

Dann beginnt der Frühling. Ilse wird sechsundzwanzig. Weiterhin tippt sie für Kate Friedlander Fallgeschichten gebeutelter Jugendlicher. Der Schnee schmilzt. Daraus resultieren die schlimmsten Überschwemmungen der britischen Geschichte. Abends sitzt sie zu Hause und will einen Roman schreiben. Sie schafft es nicht. Braucht mehr Zeit. Sie bekommt Post von der Deutschen Bank in Bingen am Rhein, Post, die sie nicht versteht, die sie weiterschickt an den Anwalt Victor Lehmann in London.

An einem Vormittag im April 1947 sitzt sie beim Frühstück, auf dem Tisch Toast und Orangenmarmelade, daran wird sie sich ihr Leben lang erinnern, und ein Brief von Anwalt Lehmann. Sie nimmt den Umschlag in die Hand und öffnet ihn und Lehmann teilt ihr in seinem Schreiben mit, dass ihre Eltern umgekommen seien: ihr Vater am 1. Februar 1944, ihre Mutter am 9. Oktober 1944. Mehr wisse er nicht.

Sie hat anscheinend schon vorher gehört, dass es so gekommen ist. »The sad news which you had already received through friends«, schreibt Lehmann, »has been officially confirmed.« Ihre Reaktion verwundert sie selbst. Wie kühl sie diese endgültige Nachricht aufnimmt und dass sie tatsächlich Erleichterung spürt. Sie fragt sich dann, wie unmenschlich sie eigentlich ist, weil das in ihr vorgeht. Sie versucht, um Vater und Mutter zu trauern, aber es gelingt ihr nicht. Sie hat das Trauern schon erledigt, als die Eltern noch am Leben waren.

Sie will einen Neuanfang machen und Horsham ist nicht der richtige Ort dafür. Sie hat noch den Schmuck, den ihre Mutter ihr gegeben hat: als Kapital für Notfälle. An Anwalt Lehmann schreibt sie, dass sie überlege, den Schmuck zu verkaufen. Aber sie wisse nicht, wie. Und der Wert müsse sicher auch vorher geschätzt werden. Sie fragt, ob es sehr gedankenlos von ihr sei, ihn, Lehmann, damit zu belästigen, aber, schreibt sie: »I have no-one else to advise me.«

Prinzessin Elizabeth meldet sich am 21. April 1947 aus Südafrika. An einem Gartentisch sitzt sie, in einem kurzärmligen hellen Kleid. Sie hat eine schlicht wirkende Perlenkette um den Hals und vor sich ein Mikrofon der BBC und ihr Manuskript. Auf den Seiten liegt ein kleiner silberner Briefbeschwerer.

Die Prinzessin spricht aus Anlass ihres 21. Geburtstags. Zuerst betont sie, wie schön es gewesen sei auf ihrer Reise durch Rhodesien und Südafrika und wie sehr sich das wie »home« anfühle. Die Royals sind bei diesem Afrikabesuch in einem aus vierzehn

Waggons bestehenden Luxuszug unterwegs; in den Sprachen der in Südafrika herrschenden Minderheiten wird dieser »The White Train« genannt oder »Die Wittrein«.

Die Prinzessin wendet sich an die jungen Menschen ihrer Generation. Jetzt käme die Zeit, in der sie erwachsen würden. Nach den Kriegsjahren sei der Moment gekommen, den Eltern die Last von den Schultern zu nehmen. Die Prinzessin verspricht ihren Hörerinnen und Hörern, dass sie ihnen dienen werde. Ihnen und der großen imperialen Familie. Für die ganze Dauer ihres Lebens werde sie dienen, ob dieses Leben kurz sein werde oder lang.[61]

Ilse kündigt ihren Job. Sie behält den Smaragdring ihrer Mutter. Sie verkauft den restlichen Schmuck. Weit weg will sie, irgendwohin, die Schreibmaschine mitnehmen und dann nichts machen als schreiben. Einen Roman. Sie hat es durchgerechnet. Wenn sie nicht mehr als drei Pfund pro Woche ausgibt, kann sie ein paar Monate durchhalten. Sie fährt nach London und lässt sich von ihren Freunden beraten. Vielleicht in eine Kleinstadt? Vielleicht nach Shaftesbury? Irgendetwas reizt sie an Shaftesbury. Es ist ein altes Städtchen auf einem Hügel. Aber die Pazifisten raten ihr ab. In Shaftesbury würde sie immer nur angestarrt. Sie könnte in keinen Pub gehen, ohne angeflirtet zu werden. Nach Cornwall zu gehen sei die richtige Wahl. Dort gebe es keine aufdringlichen Männer. Die präziseste Prognose ist das nicht.

5

CORNWALL

Ilse sieht nichts. Sie sitzt auf einem Hügel über Mevagissey. Um sie herum ist nur Grau. Das letzte Stück zu diesem Fischerdorf ist sie per Anhalter gefahren. Im einzigen Café hat sie sich nach Unterkünften erkundigt, ein Zimmer gefunden, sich eingerichtet, die Schreibmaschine auf den Tisch gestellt. Dann ist sie den Hügel hochgestiegen. Sie wartet. Der Nebel wird heller. Ihre Augen beginnen zu schmerzen. Dann registriert sie das Dorf und den Hafen. Ihr Leben wird sich hier fundamental verändern.

In Mevagissey trifft sie Menschen, die nicht nur schreiben, sondern auch schon etwas veröffentlicht haben. Sie lernt einen Louis kennen. Er hat einen Lyrikband publiziert. Louis Adeane. Sie ist beeindruckt. Sie begegnet einem Sydney. Drei Lyrikbände, unter dem Namen W. S. Graham. Noch beeindruckender. Mit Sydney und seiner Frau Nessie Dunsmuir freundet sie sich an. In einer anderen Ära war er Ingenieur und sie Rechenmaschinenoperateurin. Nun schreiben beide nur noch Gedichte – wenn auch Nessies Lyrik nicht so viel Aufmerksamkeit bekommt wie die Sydneys. Da ist ein gewisses Muster im Leben kreativer Frauen und Männer. Es wird Ilse noch öfter begegnen.

Arm sind sie hier alle. Ilse teilt, was sie hat, mit Nessie und Sydney. Manchmal fährt Sydney mit den Fischern mit und verdient so etwas dazu. Manchmal schenken ihnen die Fischer Krabben. Dass ihr die Fischer hinterherpfeifen, scheint Ilse als gegeben hinzunehmen. Es gilt die Regel, dass Frauen sonntags nicht im Hafenbecken schwimmen dürfen. Die Kirchgänger sollen nicht irritiert werden.

Einmal in der Woche kaufen Nessie, Sydney und sie ein Stück Fleisch, das sie im Gemeindebackofen garen. Ilse holt dann den Braten aus dem Ofen, das Fleisch dampft im Bräter neben den Kartoffeln und sie geht mit dem duftenden Essen die Dorfstraße hinunter.

Wahrscheinlich kann man ihrem Englisch noch anhören, dass sie vom Kontinent kommt. Aber es ist unklar, ob sie Leuten hier ihre Familiengeschichte erzählt. Genauso unklar ist, was die Leute, denen sie begegnet, jetzt, im Sommer 1947, von der Vernichtung der europäischen Juden wissen. Nach den Berichten gleich nach Kriegsende ist das Interesse an den Verbrechen der Deutschen stark abgeklungen. In der verknappten Version der englischen Presse: Es gab die »Bitch of Belsen«, Lageraufseherin Irma Grese, und das »Beast of Belsen«, den Lagerkommandanten Josef Kramer. Die Deutschen waren und sind Sadisten. Mehr muss man nicht unbedingt wissen. Als der Nürnberger Kriegsverbrecherprozess begann, im Herbst 1945, tauchten Artikel darüber in englischen Zeitungen auf und verschwanden schnell wieder. Das Papier ist weiterhin rationiert. Für Berichte über solche langwierigen Veranstaltungen gibt es keinen Platz.

Das Wort »Holocaust« wird erst Jahrzehnte später benutzt werden. Einige Journalisten und Wissenschaftler setzen sich schon jetzt mit der systematischen Vernichtung der europäischen Juden auseinander. Aber in die britische Öffentlichkeit dringt das nicht durch. In den meisten Alltagsgesprächen über den Krieg geht es nur um das heldenhafte Durchhaltevermögen der Briten. Eine Unterschriftenliste kursiert in einem Londoner Bezirk: Sie fordert, dass die jüdischen Flüchtlinge dorthin zurückgehen sollten, wo sie herkämen. In Hampstead sei der Wohnraum knapp.[62]

Wenn die Bohemiens von Mevagissey einmal nicht arbeiten, es kommt vor, lehnen sie an einer Mauer, schauen auf den Hafen und sehen den Fischern zu. Die reparieren ihre Boote. Oder sitzen auf der Mole und sonnen sich. Sortieren den Fang in Körbe. Oder spielen Wasserball im Hafenbecken. Dann tragen sie Badehosen mit Leopardenmuster.

Ilses Schreibmaschine steht jetzt auf dem Kleiderschrank. Sie benutzt sie nicht oft. Manchmal tippt sie Sydneys Gedichte ab. Manchmal schneidet sie einem Bohemien die Haare. Einmal darf sie mit den Fischern herausfahren. Das dürfen Frauen sonst nie. Und dann trifft George Barker in Mevagissey ein. Dass Ilse ihm begegnet, hat entscheidende Konsequenzen.

Schon vor den anderen Dichtern von Cornwall hatte sie Hochachtung. Aber hier kommt ein Mann aus einem anderen Kosmos. George Barker, vierunddreißig Jahre alt, ist der größte Lyriker seiner Generation. Der monumentale T. S. Eliot hat ihn dazu erklärt. Ihn ein Genie genannt. Auch der große W. B. Yeats hat ihn gepriesen.

George Barkers Gedichte sind nicht präzise und nicht durchdacht. Sie sind mythisch, sinnlich, mal kompliziert und mal trivial. Von der Wüste in seinem Herzen dichtet er und von den Hyänen, die in dieser Wüste heulen. George hat in Tokio Literatur unterrichtet und in New York gelebt. Jetzt versucht er es mit Mevagissey. Die zukünftige Ilse Barker meint: Wenn er mit seiner Mütze im Pub steht, sieht er aus wie ein irischer Arbeiter, und wenn er am Strand liegt, wie ein griechischer Gott.

Die Bohemiens und die Fischer spielen Darts im Pub, kaufen einander Biere. Ilse ist immer dabei, aber ihr fällt auf, dass die Frauen der Fischer nicht in den Pub kommen. Man sieht sie nur am Sonntag, mit Männern und Kindern auf dem Weg zur Kirche und zurück.

Bei den Künstlern sind die Geschlechterrollen nicht viel moderner definiert. Ilse wird David, den Maler, kennenlernen und seine Freundin Lali. David hat am Slade Institute in London Kunst studiert. Das ist sehr eindrucksvoll. Allerdings hat Lali das auch getan. Doch man spricht nicht über Lalis, sondern nur über Davids Kunst. Etwa über die Porträts, die er von Lali macht. David bekommt ein bisschen Geld von seiner Mutter. Weil das nicht reicht, nimmt Lali täglich den Bus und geht kellnern und nimmt dann den Bus wieder zurück. David muss nicht zum Bus. David darf zu Hause bleiben und malen. So funktioniert das bei den Bohemiens in Cornwall.

Der irische Arbeiter und griechische Gott ist eine ganz neue Sorte Dichter. George Barker ist nicht auf ein Eliteinternat gegangen, sondern auf eine raue Unterschichtschule. Er hatte einen langzeitarbeitslosen Vater und eine Mutter, die, so die Legende, einmal pro Woche, jeden Mittwoch, ihren Ehering zum Pfandleiher brachte. Mit etwa fünfzehn hat George entdeckt, dass es sich bei ihm selbst um einen sehr bedeutenden Dichter handeln musste. Also hat er sich einen langen Mantel angezogen und einen sehr großen Hut aufgesetzt. Jetzt trägt er Mantel und Hut nicht mehr, ist aber tatsächlich bedeutend. Er ist niemals moderat, niemals friedlich, wischt die Reste aus Feuerzeugen heraus und inhaliert sie. Er trinkt viel und ist mal zornig, mal geistreich, aber in jedem Fall immer interessant. Er ist anarchisch und katholisch, und weil er katholisch ist, hat er ohnehin Schuldgefühle, das sagt man so, und er hat noch viel mehr Schuldgefühle, weil er als Junge seinem kleinen Bruder beim Fechten ein Auge ausgestochen hat. Er verachtet seinen Vater, der irgendwann dann doch einen Job gefunden hat, als Butler, und er verehrt seine irische Mutter, »Big Mumma« genannt, die niemals im Kino aufsteht, wenn »God Save the King« gespielt wird.[63]

Im Vergleich zu Georges Mutter wirkt jede andere Person, das sagt eins seiner Gedichte, »wie ein kleiner Hund, der hinter einer Blaskapelle herläuft«. Hat es etwas mit ihr zu tun, dass ihm keine Partnerin seine Unruhe nimmt? Man kann nur spekulieren. Jedenfalls wird George Barker im Laufe seines Lebens mit vier verschiedenen Frauen insgesamt fünfzehn Kinder zeugen. Jetzt, im Sommer 1947, sind sieben der Kinder schon da oder gerade unterwegs, die seiner Gattin und die seiner langjährigen Freundin. Auch eine neue, zusätzliche Freundin bereichert George Barkers Leben.[64]

Nach Mevagissey ist George ohne Partnerinnen, Nachwuchs und Mutter gereist. Möglicherweise wirkt er hier wie ein freier, ungebundener Mensch. So frei wie Ilse Pittock-Buss. Er steht im Pub und singt. Dabei begleitet er sich selbst auf einer imaginären Geige. »Careless Love« singt er: von einer Sorte Liebe, die man schon jetzt bereut, weil man weiß, dass man sie nie vergessen wird. Liebe, Liebe, sorglose Liebe. Jemand wird später sagen, dass Ilse und George zwei Prinzipien verkörpert hätten: sie rational und kontrolliert und er das genaue Gegenteil.

Vier Jahre später wird Ilse ein Romanmanuskript an einen bedeutenden New Yorker Verlag verkaufen. Dieser Roman wird in Cornwall spielen, in einem kleinen Dorf am Meer. Er wird von einer jungen Frau handeln, die sich in London eingeengt fühlt.

Ihr Name ist Veronica. Früher war ihr schwarzes Haar lang. Früher trug sie mädchenhafte Kleidung. Diese Zeiten sind vorbei. Gleich im ersten Kapitel aber schaut jene die Einsamkeit suchende Heldin nicht allein, sondern zusammen mit einem Mann auf den Hafen. Veronicas Frisur mag unkonventionell sein, aber sie lässt sich von diesem Mann ausführlich Cornwall erklären. Er erzählt von den Reihern, die aus dem Marschland aufsteigen. Von den Steinkreisen der alten Druiden. Vom Blühen der Heide. Dass es nur im August nicht zum Aushalten sei, weil dann die Touristen kämen. Angeregt ist sie davon, wie poetisch er Farben beschreibt: das Rosa der Grasnelke und, im Kontrast, die leuchtenden Blauglöckchen.

Mit diesem charmanten Mann wandert sie durch die Landschaft, bis er ihre Hand in die seine nimmt, bis er »Veronica, I love you« sagt und »My beautiful«. Dann finden sie einen Ort auf der Klippe, wo niemand sie sehen kann, und dort, unter den Sternen, liegen sie im rauen Gras. Sie spürt den unebenen Boden unter sich und danach fließen Tränen und er küsst sie und fragt, ob er ihr etwa Angst gemacht habe und dann, in den folgenden Tagen, fühlt sie sich so stark wie noch nie.

Mit einem Freund zusammen besucht George Ilses Freunde Sydney und Nessie. Beim Essen erzählt Nessie eine Geschichte, unterhaltsam, ein bisschen länger, und George, der davon überzeugt ist, dass Nessie nur deshalb so lebendig erzählt, weil sie mit ihm, George Barker, ins Bett gehen will, beugt sich zu seinem Freund herüber und flüstert: »She's a whore.«[65] Entweder glaubt George, dass jede Frau nur eins will: mit ihm schlafen, oder er ist überzeugt, dass sich Frauen in der Welt der britischen Bohemiens generell nicht so viel und so ausdrucksvoll am Gespräch beteiligen sollten. Wahrscheinlich trifft beides zu.

Dann verlässt der griechische Gott Mevagissey wieder. Er hat

Ilse von seinem Bruder erzählt, dem Bruder mit dem Glasauge, der Maler sei. Ein einäugiger Maler? Das findet sie interessant. Ob sein Bruder sich einmal melden dürfe, fragt George. Er wohne jetzt in Newlyn, gar nicht so weit weg. Und als der Bruder, eigentlich Albert, aber von allen nur Kit genannt, eine Postkarte schickt und fragt, ob er vielleicht einmal bei Ilse vorbeikommen könnte, lässt sie sich darauf ein. Sie schreibt Kit, dass im leeren Zimmer unter dem Dach der Pension noch Platz sei.

Als der Bus ankommt, wandert sie die Straße herunter zur Haltestelle. Die ersten ausgestiegenen Passagiere kommen ihr entgegen. Sie fragt sich, wer von ihnen Kit sein könnte, und sieht dann diesen jungen Mann, der aussieht wie George, aber doch nicht aussieht wie George, helleres Haar hat als George, mehr Haar hat als George, blaue Augen hat, nicht so strahlend wie die von George, eine Hornbrille trägt und ein braunes Cordsakko. Später gehen sie zusammen in den Pub.

Am nächsten Morgen sieht sie Kit nicht in der Pension. Sie geht ins Dorf und sucht nach ihm. Er lehnt an der Mauer und schaut auf den Hafen. Sie stellt sich neben ihn, lehnt sich auch an die Mauer. Sie wartet, bis er sie anspricht. Er spricht sie nicht an. Irgendwann dreht er sich um und geht hinunter Richtung Meer.

»We are not Jews« steht jetzt, im Sommer 1947, auf Schildern in Liverpool. Die Stadt ist ein Zentrum der Gewalt. Ladeninhaber haben den Satz an ihre Geschäfte gehängt, damit sie heil und ungeplündert bleiben.

Es ist der Sommer der antisemitischen Ausschreitungen in England. In Palästina kämpfen jüdische Partisanen und britische Soldaten gegeneinander. Den Staat Israel gibt es noch nicht. Nach jeder Gewalttat der Guerilla fordert die englische Presse jüdische Briten dazu auf, diese Aktionen zu verurteilen. Es wirkt, als sei jeder Jude des Königreichs persönlich verantwortlich für das, was im Nahen Osten passiert. Dann exekutieren die britischen Truppen einen jüdischen Untergrundkämpfer und die jüdischen Untergrundkämpfer töten zwei britische Offiziere. Die Presse berichtet, zeigt Bilder. Der *Daily Express* sagt: Die Tat der jüdischen Terroristen sei unvergleichbar mit den Taten der Nationalsozialisten: unvergleichbar, weil schlimmer. An einem Augustwochenende des Jahres 1947 ziehen deshalb Jugendliche durch jüdisch geprägte Viertel in Manchester, London, Glasgow, Liverpool. Sie zerstören jüdische Geschäfte und Friedhöfe, greifen Synagogen an.[66] Es ist fraglich, ob Ilse davon etwas mitbekommt. Wahrscheinlich haben sie und ihre Freunde nicht genug Geld, um sich Zeitungen zu kaufen.

Kit hat sie geschnitten, an der Mauer über dem Hafen. Aber als sie ihm später noch einmal im Dorf begegnet, scheint er sich zu freuen. Sie gehen einen Kaffee trinken. Von seiner Distanziertheit ist nichts mehr da. Jetzt fällt ihr wieder ein, was sein Bruder ihr erzählt hat. Sie hat wohl an der Seite gestanden, an der Kits Glasauge sitzt. Später sind sie am Strand und er schläft und sie bemerkt, dass seine Lider auf dieser einen Seite einen winzigen Spalt auseinanderstehen.

Kit bleibt ein paar Tage in Mevagissey, dann verschwindet er, dann kommt er noch einmal wieder. Er macht Zeichnungen von kämpfenden Frauenfiguren. Ilse hat so lange für eine Psychoanalytikerin gearbeitet, dass sie über diese Zeichnungen ein bisschen nachdenken muss. Nachts stellt sie eine Untertasse neben das Bett. Auf diese legt er das Glasauge.

Dann geht Kit zurück nach Newlyn und schreibt ihr von dort, jeden Tag. Er sagt, dass die Leute, mit denen er in diesem Loft lebt, bald ausziehen würden und ob sie nicht vielleicht bei ihm einziehen wolle. Als der Loft tatsächlich leer ist, schickt er ihr ein

Telegramm, ob sie für eine Woche bei ihm wohnen möge. Man könne dann ja sehen, wie das so ginge.

Also nimmt sie den Bus und dann den Zug nach Newlyn, noch weiter Richtung Westen, in den letzten Zipfel von Cornwall. Alte ausgebleichte Segel hat Kit aufgehängt. Das sind die Wände in diesem großen Raum. Den Hafen kann man vom Loft aus sehen und hinter dem Hafen die Weite der Bucht. Sie schaut sich um. Eine Staffelei entdeckt sie nicht. Für so etwas hat dieser Maler kein Geld. Farben kann er sich auch nicht leisten.

Nach Mevagissey kommt Ilse nur noch einmal zurück, um ihre Sachen abzuholen. Bei einem Schrotthändler kauft sie ein Doppelbett. Es wird in das Loft geliefert. Ziemlich laut ist das Bett, in gewissen Situationen. Selbst wenn Kit Barker aktuell nicht malt und in letzter Zeit auch kaum etwas gemalt hat, zweifelt Ilse keine Sekunde daran, dass er dennoch ein Maler ist. Sie selbst ist, auch wenn sie noch nichts veröffentlicht hat, auch ohne Frage eine Schriftstellerin.

Kit ist so schüchtern – außer, wenn er mit ihr allein ist. Manchmal schafft er es vor lauter Hemmungen nicht, ein Geschäft zu betreten. Als Kind hat er einen Abenteuerroman geschrieben. Er hatte eine kommunistische Phase, hat den *Daily Worker* verkauft, hat dann angefangen, surrealistische Gemälde zu produzieren. Er war nie auf einer Kunstakademie. Unterlegen fühlt er sich Künstlern, die ihm das voraus haben. Er war im Ingenieurkorps der Armee und ist kurz vor Kriegsende aus psychologischen Gründen entlassen wurden. Welche Gründe waren das genau? Er will nicht über diese Zeit reden.

Ilse liest weiter Henry James und jetzt auch Joseph Conrad. Mit einundzwanzig Jahren erst hat Józef Teodor Nałęcz Konrad Korzeniowski angefangen Englisch zu lernen und ist einer der größten Stilisten der britischen Literatur geworden. Vielleicht zieht sie Parallelen.

Kit liest Geschichtsbücher. Ilse ist der festen Überzeugung, dass es sich keinesfalls lohnt, sich mit Geschichte zu befassen. Sie will nicht wissen, wer Schlachten oder Kriege gewonnen oder verloren hat. Das nützt, sagt sie, wirklich niemandem etwas. Im Radio hören sie Rundfunkversionen von Shakespeare-Stücken. In voller Länge, wenn die Batterien bis zum fünften Akt reichen. Im Herbst wird es kalt. Sie wärmen einen Ziegelstein auf dem Gaskocher, legen ihn dann unter den Tisch, wärmen sich so die Beine. Abends gehen sie in den Pub. Samstagabends gehen sie tanzen.

Eine Dosensardinenfirma übernimmt das Loft. Also ziehen sie weg, in ein Häuschen im Moor, auf der anderen Seite des letzten Zipfels von Cornwall, in den Norden, oberhalb von Zennor, eine halbe Stunde zu Fuß von der nächsten Bushaltestelle entfernt. Ein kleines bisschen Atlantik sieht man noch von hier. Vom Haus aus ist es ein ziemlich weiter Weg zum Plumpsklo und ein schwieriger Weg, wenn es neblig ist.

Kein Pfad führt zu ihnen hoch. Man muss durch die fast immer feuchten Felder gehen. Sie haben sich gebrauchte Gummistiefel gekauft, voller Löcher. Über die Löcher kleben sie Fahrradflicken, die sehr schnell wieder abfallen. Mit immer nassen Füßen tragen sie Kohle zum Haus hoch und in die andere Richtung die aufladbaren Radiobatterien. Es gibt keine Elektrizität in dem Häuschen und keinen Wasseranschluss. Nur eine Regentonne. Regnen tut es in Cornwall genug.

In der Nähe wohnt der Maler Bryan Wynter mit seiner Familie. Manchmal lädt er Kit und Ilse ein, sich bei ihm in die Badewanne zu legen. Wenn sie abends unterwegs sind, haben sie immer eine Lampe in der Hand. Es gibt hier überall alte Minenschächte, in die man nicht hineinfallen sollte. Sie lassen eine kleine Kerze brennen, im Fenster ihres Häuschens. Auf dieses Licht laufen sie zu, wenn sie frisch gebadet nach Hause zurückkommen. Sie sitzen zusammen an ihrem runden Tisch. Ilse schreibt. Kit zeichnet. Er zeichnet Fischer, ihre Netze, ihre Boote, und an den Strand angespülte Schädel: die von Rindern, die von Pferden. Er malt auf Düngemittelsäcke, die er sich auf Rahmen spannt. Manchmal malt er auf Bretter, wenn er die irgendwo findet. Aber er sagt, er bevorzuge das sinnliche Nachgeben des Stoffs. Jahrzehnte später wird Ilse ausführlich über diese Details von Kits Schaffen schreiben. Über ihr eigenes Handwerk als Autorin wird sie nur wenig verraten.

Auf ihrem Hügel blühen Blauglöckchen. Ilse schreibt eine Geschichte über eine junge Frau, die in der U-Bahn in London zu Tode kommt. Ein schmaler junger Mann schreit, er habe sie vor den Zug gestoßen. Von Polizisten wird er abgeführt.

Aber es geht ihr nicht nur um diese Frau, sondern um die Geschichten, die aus ihrem Tod entstehen und sich um ihn herum entwickeln. Vielleicht hat sie neben James und Conrad auch Virginia Woolf gelesen: Ihre Erzählung ähnelt Woolfs Fiktionen, in denen die Perspektive wieder und wieder von einer Person zur nächsten springt. In Ilses Geschichte erscheint der Journalist, der auf genau solche Geschichten wie den »U-Bahn-Mord« wartet, weil niemand Geschichten von Aufständen weit weg in Indien lesen will, der U-Bahn-Fahrer, dessen Zug die Frau erfasst hat, der Polizist, der den Fahrer verhören soll, der Mann, der die Ersatzbusse losschickt, die die U-Bahn-Fahrgäste aufnehmen sollen, die Mutter der toten jungen Frau, die der Presse bereitwillig mitteilt: »Janet was such a happy girl«, der Psychiater, der in seinem in Creme- und Goldtönen dekorierten Beratungszimmer vom »U-Bahn-Mord« liest, die ebenfalls in Creme- und Gold-tönen gekleidete Sekretärin des Psychiaters, die ein Gähnen unterdrückt und den Bleistift in die Handtasche steckt, als er sagt, er würde ihr morgen etwas dazu diktieren, aus psychiatrischer Fachperspektive. Es taucht schließlich die junge Frau auf, ganz am Ende der Erzählung, im Rückblick auf den Anfang: Sie kommt die Treppe herunter, stellt sich neben den hageren jungen Mann auf dem Bahnsteig, wartet, bis sie das Geräusch des ankommenden Zugs hört, die Lichter des Zugs sieht, und springt dann, in einer Bewegung, über die sie zuvor schon sehr oft nachgedacht hat, von selbst und nicht vom »U-Bahn-Mörder« gestoßen, auf ihren Tod zu.

Ilse kneift die Augen zusammen. Sie malt Streifen auf die Markisen mediterraner Gemüsewagen. Die Bekannte, die ihr diesen Job vermittelt hat, besitzt im Touristenstädtchen St. Ives ein Spielzeuggeschäft. In London werden ihre Produkte bei Harrods verkauft. Ilses Aufgabe besteht darin, kleine Holzsoldaten zu bemalen, Pferde und eben: sizilianische Marktstände. Ilse ist notorisch ungeschickt, Kit handwerklich talentiert und zudem ein Maler. Das würde ihn zusätzlich für die Tätigkeit qualifizieren. Aber er soll sich seiner Kunst widmen. Seine Kunst ist anscheinend wichtiger als Ilses Schreiben.

Nachdem der Gemüsewagen gestreift ist, hält Ilse einen Soldaten fest in der einen Hand, den Pinsel in der anderen. Sie spannt sich an. Es ist unendlich schwierig, auf die kleine Soldatennase den dort vorgesehenen nochmals kleineren Punkt zu setzen.

Eine andere Schriftstellerin, sie nennt sich Jane Fraser, hat hier in Cornwall geheiratet, im Dezember 1946, in Lelant, nur acht Meilen von ihnen entfernt. Sie ordnet ihre literarischen Ambitionen der Karriere ihres Mannes unter. Nach Schottland zieht sie mit ihm. Er wird die elterliche Textilfirma führen, sie wird insgesamt vier Kinder bekommen und aufziehen, dennoch weiter Geschichten schreiben, wenn auch ohne besonderen Erfolg, dann mit Mitte sechzig ihr Pseudonym aufgeben und einen unter anderem in Cornwall spielenden Roman publizieren, den die *New York Times* als »deeply satisfying« bezeichnen wird. In einem neuen Jahrtausend werden Zehntausende deutscher Touristen nach Cornwall reisen, zu den Drehorten von Fernsehfilmen, die auf dem Werk der ehemaligen Jane Fraser basieren. Deutsche Schauspielerinnen und Schauspieler verkörpern in diesen Adaptionen romantisch gesinnte Briten. Die Touristen auf ihren Spuren fahren nach Mevagissey wegen des TV-Films »Schlangen im Paradies«, nach Zennor wegen »Schneesturm im Frühling«. Dass das »ch« im Nachnamen der Autorin eigentlich wie das »tsch« in »Kutsche« ausgesprochen werden sollte, ignorieren die meisten Deutschen. Über sechzig Millionen Bücher, sagt man, wird Rosamunde Pilcher im Laufe ihres Lebens verkaufen.[67]

Ilse und Kit heiraten in London. Es ist der 2. Juli 1948. Kit trägt einen Anzug, der George gehört. Ilse trägt wohl ihr eigenes Kleid. Die Standesbeamtin hält auf dem Trauschein Albert Gordon Barker, Sohn des Butlers George Barker, als Ehemann fest und seine »condition« als die eines Junggesellen. Bei »rank or profession« notiert sie: »artist.« Für die Tochter des verstorbenen Weinhändlers Karl Gross ist der Eintrag unter »condition« etwas länger: »Formerly the wife of Geoffrey Benjamin Pittock-Buss from whom she obtained a divorce.« Unter »rank or profession« macht die Standesbeamtin einen langen Querstrich für: nichts.

Dann sind sie zurück in Cornwall. Es ist so anstrengend, hier zu leben. Sie laufen immer irgendwohin, tragen etwas den Hügel hoch, wieder hinunter. Ilse holt jeden Tag eine Kanne Milch bei den Bauern, die ihnen das Häuschen vermieten. Sie geht auf das Bauernhaus mit dem immer wieder frischen Gefühl zu, dass die Familie heute beschlossen hat, ihr die Kanne nicht zu füllen. Mit Miete und Milchgeld sind sie immer im Rückstand.

Zwei Bilder Kits haben in einer Galerie in der Grosvenor Street in London gehangen und ein Kritiker hat sie im *Spectator* erwähnt. Das war ein Erfolg. Er hat in einem Buchladen in St. Ives eine Zwei-Mann-Ausstellung gehabt. Wichtige Leute haben die Schau gesehen. Kunst-Menschen sind zu ihrem Häuschen hochgestapft, sogar George Dix aus New York, Galerist bei den Durlacher Brothers. Zwei Zeichnungen hat Dix gekauft. Dann war dieses Großereignis vorbei. Was Ilse mit ihren Geschichten macht, wem sie sie zeigt, wem sie sie schickt: Es ist unklar.

Auch die Bauern sind arm, nicht nur die Bohemiens. Die Pferde und Kühe auf den Weiden sind mager. Der Boden ist steinig. Die Bauern halten die Künstler für Nichtstuer, aber auch die Nichtstuer sind den ganzen Tag damit beschäftigt, irgendwie am Leben zu bleiben. Wenn Kit und Ilse zusammen zu ihrem Häuschen zurückkommen, tun sie immer so, als würden sie sich gerade sehr angeregt unterhalten. Dann kommen ihre Vermieter vielleicht nicht auf die Idee, sie auf ihre Schulden anzusprechen.

Sie wird weiter an Veronicas Geschichte feilen: an dem Roman über die Frau, die aus London nach Cornwall geht, um die Freiheit zu finden. So experimentell wie in ihrer U-Bahn-Geschichte wird Ilse bald nicht mehr schreiben. Ihre Fiktionen sind plausibel, nah an der Welt. Sie sind straff strukturiert, stilistisch klar.

Veronica, das wird Ilse festlegen, ist Lyrikerin. Sie hat das Glück und das Pech, einen sehr beeindruckenden älteren Bruder zu haben. Everett ist ebenfalls Lyriker. Er kann Zeilen kompo-

Hochzeitsgesellschaft, 1948. Das Brautpaar in der Mitte: Ilse Barker
in hellem Kleid mit dunklem Halsschmuck, Kit links von ihr im Anzug
seines Bruders George. Rechts neben Ilse, mit Blasinstrument: George.
Sitzend: Mutter Barker, Zweiter von rechts: Vater Barker.

nieren, meint Veronica, die Menschen erschauern lassen. Dagegen wirkt Veronicas Lyrik weicher, ihre Worte kleiner, die Bilder alltäglicher und der Schmerz, um den es geht, etwas weniger bedeutend. Immer, wenn jemand Veronica auf Everett anspricht, zieht sich ihr Herz ein bisschen zusammen. Sie hat dann dieses deutliche Gefühl, dass ihre Präsenz den Leuten nicht reicht.

Kit und Ilse ernähren sich im Wesentlichen von Kartoffeln. Es geht ihnen wie den meisten Briten. Der Krieg wurde gewonnen und die Nachkriegszeit ist karg. Das Ernährungsministerium tut das, was es während des Kriegs nie getan hat: Es rationiert Brot.

Wer Geld hat, kann sich auf dem Schwarzmarkt versorgen. Wer kein Geld hat, wird nicht satt. Eine Frau in Birmingham sieht in dieser Zeit George VI. und Elizabeth mit ihren eigenen Augen, das Königspaar besucht gerade die Stadt, und die Frau findet, dass die Queen im Vergleich mit ihren Untertanen ein wenig zu gut ernährt wirkt.[68]

Ilse mag noch immer keine Sardinen, aber Sardinen sind günstig, also kommen sie bei ihnen auf den Tisch, idealerweise mit Haferflocken paniert. Manchmal bekommen sie Seeteufel, weil niemand sonst Seeteufel will, und sie essen ihn, obwohl es Seeteufel ist. Manchmal finden sie einen Kohlkopf oder ein paar Rüben auf einem Feld und hoffen, dass niemand sie dabei beobachtet. Anschreiben lassen kann man in keinem Laden hier. Einmal versucht sie es beim Metzger, ein halbes Pfund Würstchen, sie bittet um Großzügigkeit, erfolglos. Auch im Pub gibt es keinen Kredit. Das Cornwall-Experiment ist beendet. Miet- und Milchschulden können sie nicht begleichen. Sie überlassen den Bauern stattdessen ihr Bett.

6

NEW YORK CITY

Sie betritt die Suite und schaut auf weiße Rosen. Eine professionelle, viel gelesene Schriftstellerin ist sie, und sie ist nach New York gekommen, um einen bedeutenden Literaturpreis entgegenzunehmen. Der Teppichboden ist tief, die Lage im Wolkenkratzer hoch. Die Blumen sind sicher von Jake, ihrem Verleger. Sie nimmt die Hutnadeln aus dem Haar. Sie streift die Handschuhe ab. Sie schaut auf die Karte. Dort steht es. Nur: »Jake«. Wie sinnlich. Ihr Gatte hat keine Blumen geschickt.

Mit Jake geht sie Kleider kaufen. Das fühlt sich gut an. Sein ergrautes Haar: sehr distinguiert. Sie sehen schön aus nebeneinander. Das zeigen die Spiegel in den Damenmodeabteilungen. Sie könnte sich durchaus vorstellen, die verwöhnte junge Frau eines älteren, wichtigen Mannes zu sein. Als Jake ihr dann am Ende des Shoppingausflugs einen Antrag macht, sagt sie ihm dennoch, wie leid es ihr tut. Dass sie trotz allem ihren Mann liebt, dass sie die Ehe retten will – und dass sie für ihn, Jake, immer die wärmste Zuneigung empfinden werde.

Nach diversen Cocktailpartys öffnet sie die Glückwunschtelegramme. Sie freut sich an immer neuen in die Suite gelieferten Blumensträußen. Sie schaut auf ihr Bild in den Abendzeitungen. Nun hat ihr Ehemann immerhin telegraphiert und, separat, auch seine neue Geliebte. Am nächsten Tag wird ihr der Preis übergeben. Sie hält eine sorgfältig komponierte Rede. Idealistisch klingt sie, hoffnungsvoll. Ihre Worte sollen junge Leute inspirieren, all jene, die nach Ruhm und Erfolg streben. Und sie entwickelt eine klare Zukunftsvision für die Literatur. Dann steht sie im Blitzlichtgewitter und hört den Applaus und wechselt das Getränk, von Wasser zu Champagner. Sie ist Frances Siddorn, amerikanische Schriftstellerin, Hauptfigur von Ilses Roman *The Innermost Cage*. 1955 wird das Buch erscheinen.

Im Winter 1948/49 hat Ilse Schwierigkeiten zu duschen. Kits Vater versteckt den Schlüssel für den Heißwasserbereiter an immer anderen Orten. Kit und Ilse haben Cornwall verlassen und sind bei den Barkers in London eingezogen. Hier warten sie auf ihr Visum für die Vereinigten Staaten. Von einer Hilfsvereinigung für jüdische Flüchtlinge hat Ilse einen Kredit bekommen. Deshalb konnten sie – gerade so – die Tickets für die Überfahrt bezahlen. Damit sie nicht ganz ohne Reserven nach Amerika aufbrechen müssen, geht Ilse tippen, im Londoner »Institute of Petroleum«. Experten der britischen Energiewirtschaft erweitern dort ihren Horizont. Die Sekretärin würde wirklich gern selbst entscheiden, wann sie duscht.

Ilse hat ihre erste, ihre deutsch-jüdische Familie verloren. Jetzt gehört sie zu den irisch-englischen Barkers. Allerdings: Wer als Barker einem regulären Job nachgeht, wie sie, fühlt sich zwangsläufig als Außenseiter. Kits Mutter verbringt den ganzen Tag auf dem Sofa, umgeben von ihren Kindern, Enkeln, Freunden, Freundinnen und den Dichtern und Malern, die George und Kit nach Hause mitbringen. Erst gibt es Tee. Dann öffnet Big Mumma die Portweinflasche. Sonntags ist es besonders voll in diesem Wohnzimmer, weil die Pubs dann erst abends aufmachen. Man wartet bei den Barkers, bis es endlich so weit ist. Zur

Vorbereitung sammelt man das Kleingeld ein. Mutter Barker schaut großzügig in ihrer Handtasche nach, schiebt Münzen herüber. Dann sagt jemand: Es ist sieben. Alle brechen auf.

Ilse lernt: Im Pub gelten feste Regeln. Man darf auf keinen Fall sitzen. Das gilt als verweichlicht. Im Stehen muss man trinken und möglichst originelle Meinungen von sich geben. George macht das vor. Er verkündet etwa, dass Malen zu einfach sei. Dichten sei so viel komplexer. Er, obwohl doch Dichter, sagt George, wäre hundertprozentig aus dem Stand ein besserer Maler als sein Bruder. Kit steht daneben und hört sich das an.

Nachdem der Pub zugemacht hat, kommt man zurück zu den Barkers und trinkt weiter und singt. Die Männer in dieser Runde sind vom Wohlklang ihrer Stimmen sehr überzeugt. Sie singen »The Royal Blackbird«: von der »damsel«, deren »blackbird« davongeflogen ist und die deshalb stöhnt und seufzt und weint, weil niemand so treu und mutig und nett ist wie ihr »blackbird«. Sie singen »I Sing Of A Maiden«, über die Mutter des Königs der Könige, die Jungfrau Maria, »Mother and maiden / There was never ever one but she.« Auch hier gilt eine Regel: Über Frauen mag gesungen werden, aber Frauen singen nicht. Die Frau, die weder Mutter noch Jungfrau ist, sich aber am nächsten Morgen im »Institute of Petroleum« an die Schreibmaschine setzen muss, wünscht sich, es würde insgesamt etwas weniger gesungen.

Wenn sie aufsteht, trifft sie nur auf ein Familienmitglied: Vater Barker. Er ist Butler im Grays Inn, der Londoner Anwaltskammer. Der Vater wird von seinen erwachsenen Kindern zur Witzfigur gemacht, weil er so selbstdiszipliniert ist und so miesepetrig. Würdevoll verlässt er jeden Morgen das Hauptquartier der Londoner Bohemiens. Einen schwarzen Mantel hat er an, eine Melone auf dem Kopf, einen zusammengerollten Regenschirm unter dem Arm. Abends verstecken Ilse und ihr Schwie-

Kit und Ilse, in London.

gervater zusammen das Brot, das sie für ihr Frühstück brauchen. Es liegt irgendwo, wo die singenden Trinker es nachts nicht finden können.

Kit und Ilse verlassen London im Mai 1949. Ilses Cousin Ernst, nun Ernest, wohnhaft in New Rochelle, New York, hat ein Affidavit für sie geschrieben. Sie haben deshalb Einwanderungsvisa für die Vereinigten Staaten. Für immer könnten sie bleiben. Ilse ist seekrank, zwölf Tage lang. Dann erscheint die Freiheitsstatue. Auffällig: In New York können sich Hafenarbeiter voluminöse Zigarren leisten. Das ist in England nicht denkbar. Ilse und Kit haben eine Wohnung von Bekannten untergemietet, in einem baufälligen Haus an der Lower East Side. In den Aschenbechern liegen unglaublich lange Kippen. Im verarmten Vereinigten Königreich raucht man grundsätzlich bis zum letzten Millimeter.

Sie brauchen Geld, dringend. Sie lernen die Malerin Virginia Admiral kennen. Von ihrem Mann, Robert De Niro, auch er Maler, hat Virginia sich getrennt. Ihren Sohn, ebenfalls: Robert De Niro, erzieht sie nun allein. Der kleine Robert, sagt man, sei schwierig. Ein etwas zu temperamentvolles Kind. Aber das wird ihn auf seinem Weg nicht aufhalten.

Virginia verdient sich ihr Geld als Sekretärin. Sie stellt Ilse ihrer Chefin vor. Aber Ilse tippt nicht schnell genug. Robert De Niro Senior bemalt beruflich Krawatten, im Akkord. Auf die Schlipse gehören handgemalte Palmen, Papageien, Tukane, Affen und immer wieder einmal eine sehr knapp bekleidete Frau. Jeder einzelne Krawattenbemaler ist nur für eine oder zwei Farben zuständig, trägt diese auf, schiebt den Schlips weiter. Ein Job für Kit.

Auf der Straße bei ihnen im Viertel kommen alte Leute auf Ilse zu. Sie sprechen sie an, auf Jiddisch, Polnisch, Litauisch. Möglicherweise, sie kann es nur vermuten, wollen sie herausfinden, ob es sich bei ihr um verlorene osteuropäische Verwandtschaft handelt.

Es gibt Bananen in New York, endlich Bananen. Und in der Bar lässt man, anders als in englischen Pubs, Trinkgeld auf dem Tresen liegen. Es ist sehr schwer, sich daran zu gewöhnen, auch weil Kit nach wenigen Tagen als Kollege Robert De Niros keine Krawatten mehr bemalen will.

In der U-Bahn fällt ihnen besonders auf, wie arm sie sind. Sie kommen aus einem Land, in dem es keine Waschmaschinen gibt und Seife rationiert ist: dem Land des »dirty raincoat«, mit Würde getragen. In der New Yorker U-Bahn sitzen Angestellte mit strahlend weißen Hemden und Arbeiter mit makellos sauberen Overalls.

Sie müssen die erste Wohnung verlassen und ziehen nach Harlem. Jetzt sind sie von Spanisch umgeben, in der puertoricanischen Variante. Ihr Nachbar, so erzählt man sich im Haus, sei möglicherweise ein Gangster und bewahre eine Leiche in seinem Kühlschrank auf. Tatsache ist, dass er einen Kühlschrank besitzt.

Sie lernen schnell, was es heißt, in Harlem zu leben. Einmal verliert Kit auf der Straße sein Portemonnaie. Das ist eine Tragödie für sie: Ein Zehndollarschein befand sich in der Geldbörse. Ein paar Wochen später bekommen sie einen Brief von der Polizei in Kensington, London. Jemand in Harlem hat das Portemonnaie gefunden und bei der Polizei abgegeben. Die darin gefundene englische Adresse wurde kontaktiert, Kensington hat mit Harlem Kontakt aufgenommen und Harlem mit den Barkers. Sie holen die nicht geleerte Geldbörse ab und sehen die zehn Dollar darin und sind nicht ganz so arm, wie sie dachten.

Faszinierend ist es, die New Yorker Maler kennenzulernen. Oder es könnte faszinierend sein, wenn New Yorker Maler ein bisschen anders wären, als sie sind. New Yorker Maler interessieren sich nur für ein Thema: New Yorker Maler. Literatur existiert für sie nicht. Musik existiert nicht. Europäische Kunst ebenfalls nicht. In London helfen die Künstler einander –»to put in a good word« ist normal. Hier ist jeder komplett uninteressant, der sich nicht auf dem schnellen Weg nach oben befindet. Das beobachtet Ilse Barker.

Alles ist also anders in New York. Aber eine Sache ist so wie in Cornwall. Die Frauen sollen arbeiten gehen, damit sich die Männer mit Kunst beschäftigen können. Wenn sie doch als Künstlerinnen tätig sind, nimmt sie kaum jemand wahr. Jackson Pollocks Partnerin Lee Krasner ist eine großartige Malerin. Aber seit Pollock ein Medienstar ist, interessiert sich niemand mehr für ihre Bilder. Bei den de Koonings ist es ähnlich: Elaine wird kaum anerkannt, Willem gilt als Großkünstler. Der abstrakte Expressionismus, jetzt der neue Trend, ist eine körperliche Kunst, athletisch, gestisch. Es scheint fast allen klar, die hier etwas zu sagen haben, also: Männern, dass die Körper, die diese immer größer werdenden Gemälde produzieren, nur die von männlichen Künstlern sein können.[69]

An Werktagen zieht sich Ilse morgens eines ihrer zwei Kleider an und fährt nach Midtown. Kit bleibt zu Hause und widmet sich der Kunst. In einer Werbeagentur hat Ilse einen Job gefunden. Sie sitzt in einem fensterlosen Großraumbüro. Ihre Abteilung heißt »Media Typing«. Sie tippt Orte, Daten, Zeitungsnamen, Radiosendernamen. Sie tippt die Sendetermine für Zigarettenwerbung, Reinigungsmittelspots und gesponserte Soap-Operas. Die Schreibmaschinen sind weder elektrisch noch leichtgängig. Überstunden zu machen ist selbstverständlich. Die Chefs wachen über sie und all die anderen tippenden Frauen in kleineren abgeteilten Zellen, die um diesen großen Raum herumliegen. Auch die Zellen der Chefs haben keine Fenster. Nur die Chefs der Chefs sehen das Tageslicht.

Ihre Kolleginnen kommen aus der Bronx oder aus Queens. Auf jedem Schreibtisch liegt eine Glasscheibe, unter die man Fotos legen kann. Unter den Scheiben der Kolleginnen liegen die Bilder ihrer Boyfriends. Aber natürlich, das möchten sie explizit betonen, haben sie ihre Jungfräulichkeit noch nicht verloren. Ilse hat neben ihre Schreibmaschine ein Gedicht gelegt. Gerard Manley Hopkins:»No worst, there is none«. Es geht darin um den menschlichen Geist und die Berge, die in ihm aufsteigen, und die erschreckenden Klippen dieser Berge und die Tatsache, dass der Tod jedes Leben beendet und jeder Tag mit dem Schlaf stirbt.

Die anderen Sekretärinnen haben jeden Tag etwas anderes an. Natürlich immer frisch gewaschen. Sehr angenehme Kolleginnen sind sie – aber sie wundern sich schon über Ilses limitierte Garderobe.

Ilse verdient fünfundvierzig Dollar in der Woche. Die Miete beträgt einundzwanzig Dollar. Viel bleibt also nicht übrig. Ilse muss die Subway bezahlen. Kit braucht Farbe und Leinwand und Pinsel. Er malt Fische oder das Meer und hat heftiges Heimweh nach England. Ihr Konzept eines luxuriösen Tags ist es, sich bei Woolworth ein Sandwich und ein Milchshake zu kaufen und sich beides zu teilen. Oder in den Zoo in der Bronx zu gehen, weil der umsonst ist. Oder mit der Staten Island Ferry zu fahren, fast umsonst.

Wenn sie zum Museum of Modern Art gehen, kaufen sie nur eine Karte. So können sie Geld sparen. Ilse wartet im Foyer, bis Kit wieder herauskommt. Dann gehen sie spazieren und er erzählt ihr, welche Avantgarde-Kunst ihm besonders gefallen hat.

Es gibt sehr eindrucksvolle Pfandleihgeschäfte in New York,

hell erleuchtet, mit langen Tresen. Dort verpfändet Ilse immer wieder einmal den Smaragdring ihrer Mutter.

Catherine Talbot hat keine Zeit. Sie will nur lesen und schreiben, aber sie ist dem Bischof verpflichtet. Nie kann sie ablehnen, was er will, weil ihr Vater kurz vor ihrer Geburt gestorben ist, im Jahr 1721, und der Bischof sie und ihre Mutter gnädig in seinen Haushalt aufgenommen hat. Also muss sie mit dem Bischof Familien besuchen, muss für ihn Briefe schreiben, findet keine Zeit für ihre eigenen literarischen Ambitionen. Catherine Talbot ist eine der bedeutendsten weiblichen englischen Intellektuellen des 18. Jahrhunderts. Ilse Barkers neues Pseudonym lautet: Kathrine Talbot.[70]

In einer Kurzgeschichte, die sie in dieser Zeit schreibt, steht ein männlicher Literat im Zentrum. Großschriftsteller Richard Donnington residiert in einem eleganten Haus am Fluss. Seine Frau, Bella, ist deutlich jünger als er. Sie ist so schön und doch so unscheinbar, so grazil und klein und charmant und doch schüchtern. Und weil Bella so schön und grazil ist, sitzt sie für Richard Donnington am Fenster. Er mag es, nachmittags am Schreibtisch zu sitzen, zu schreiben und dann und wann vom Manuskript auf- und seine junge Frau anzusehen. Das ist sehr inspirierend und sein Werk wird vielleicht auch deshalb überall gepriesen. So könnte es bleiben, wenn nicht eines Tages die grazile Bella ihren Schriftstellergatten darum bitten würde, auch ein wenig arbeiten zu dürfen, während sie für ihn dekorativ am Fenster sitzt. Das Verb »arbeiten«, von ihr verwendet, bringt ihn zum Lächeln – »arbeiten«? –, aber er gestattet es ihr. Diese Entscheidung wird sich für den monumentalen Richard Donnington nicht auszahlen. Und das ist noch vorsichtig ausgedrückt.

Ilse und Kit ziehen durch die Bars im Village, ein langer Weg mit der U-Bahn. Sie lernen Clem kennen. Nicht besonders attraktiv ist er, aber sexy, das sicher, und ein guter Tänzer. Ilse tanzt mit Clem, wenn in einer Bar die Jukebox läuft. Diese Tänze scheinen für Kit in Ordnung zu sein, aber wahrscheinlich teilt er nicht Clems Meinung, dass ab diesem Punkt in der Menschheitsgeschichte nur noch amerikanische Kunst zählen wird. Clement Greenberg ist der bedeutendste Kunstkritiker der Vereinigten Staaten. Von nun an heißt das: der Welt.

Jimmy Ernst, Max Ernsts Sohn, lädt sie zu einer Party ein. Ilse beeindruckt, dass Jimmy eigens für den Abend einen Barkeeper engagiert hat. Jimmy, geboren in Köln, heißt eigentlich Hans-Ulrich. Auch seine Mutter, Luise Straus-Ernst, ist in Auschwitz ermordet worden.[71] Ilse fällt auf: Jimmy ist eigentlich der Einzige in dieser Szene, der Amerika nicht für den Nabel der Welt hält.

Die Schriftstellerin Kathrine Talbot muss schreiben. Sonntags wäre Zeit dafür. Aber samstags kommen sie immer erst spät aus den Bars zurück und am Sonntagmorgen zeigt der mutmaßliche Gangster von nebenan schon sehr früh, was seine Lautsprecher können. »Joltin' Joe DiMaggio«, das ist sein Lieblingslied, und er spielt es wieder und wieder. Vom besten Baseballspieler seiner Epoche handelt es (»Joe, Joe DiMaggio, we want you on our side«). Unbekannt ist diesem New-York-Yankees-Fan, dass die Bohemiens nebenan eine kurze Nacht hatten und die Autorin im Haus sich dringend konzentrieren müsste, weil sie am Montag wieder zum »Media Typing« muss.

Kathrine Talbot schickt Kurzgeschichten an Zeitschriften und bekommt Ablehnungsschreiben zurück. Es sind Ablehnungsschreiben der besseren Kategorie. So ganz passe ihre Geschichte nicht. Man wolle gern mehr von ihr lesen.

Sie arbeitet sich weiter an gefeierten männlichen Genies ab.

Nachdem sie für Richard Donningtons Ruin gesorgt hat, schreibt sie mit »Death in the Pyrenees« eine Erzählung vom plötzlichen Verstummen eines brillanten Komponisten. Es geht um seinen Niedergang, sein geheimnisvolles Ende, vielleicht im Suff in New York, vielleicht in den Pyrenäen, bei dem Versuch, jüdische Flüchtlinge nach Spanien zu bringen. Sie selbst ist auch ein jüdischer Flüchtling, aber für sie als Autorin sind die Migranten nur Statisten. Ihr geht es um den Künstler im Vordergrund: seine Monumentalität, sein tragisches Ende.

Hier in New York hat sie wieder Familie: Cousins, Cousinen, Onkel, Tanten. Diese Binger haben es geschafft. Sie haben sich gerettet.

Die Nähe begeistert Ilse nicht. Und die Verwandtschaft hadert auch mit ihr. Denn Kit und Ilse haben nichts aus sich gemacht. Ernest hat gleich nach der Ankunft in New York eine erfolgreiche Fotoagentur mitgegründet: Black Star. Sie vertritt einige der besten Bildjournalisten ihrer Zeit.[72] Ein Cousin ist Sommelier auf dem Kreuzfahrtschiff Queen Mary, ein anderer Direktor der Abteilung für Elektrizität am Nationalen Institut für Technologie in Rio de Janeiro. Cousin Willy, hört man aus England, hat nach bestandenem britischem Examen seine Laufbahn als Psychiater wieder aufgenommen. Seine Patienten behandelt er mit der Insulin-Schocktherapie. Noch gilt die Methode nicht als zu brutal.[73] Ihre Tante Alice hat im Alter von fünfundvierzig Jahren zum ersten Mal in ihrem Leben einen Job gesucht und pendelt nun jeden Tag nach Manhattan, um aus für sie bereitstehenden Kartons menschliche Knochen, Gelenke und Schädel zu nehmen. Sie setzt sie zu Skeletten zusammen, für die Ausbildung künftiger Mediziner. Bei ihnen aber ist die Lage so: Kit verdient nichts. Ilse tippt.

In der Sonntagszeitung lesen sie etwas über diesen friedlichen Ort, wo Maler und Autorinnen, Bildhauerinnen und Komponisten Zeit verbringen können, um in aller Ruhe zu arbeiten. Ihnen wird dort Wohnraum gestellt. Sie werden mit Essen versorgt. Dann können sie in der Idylle kreativ sein. Bewerben könnten sie sich beide: der Maler, die Schriftstellerin. Es wäre die Rettung. Ein Traum. Und es ist extrem unwahrscheinlich, dass sie beide dort akzeptiert würden.

Sie schreibt eine Geschichte über einen Engländer, der seit seiner Kindheit von nichts anderem träumt als von Mexiko. Dem es nie gelingt, dorthin zu reisen, der dennoch zum großen Mexikokenner wird, der die Möglichkeit bekommt, das Land seiner Fantasien erstmals zu besuchen, der diese Pläne mit Ausbruch des Zweiten Weltkriegs wieder aufgeben muss und dessen großes Buch über Mexiko endlich erscheint und so herausragend ist und so kenntnisreich, dass die mexikanische Regierung ihm die Ehrenstaatsbürgerschaft Mexikos verleiht, in einer Zeremonie, für die ein mexikanischer Gelehrter eigens über den Atlantik angereist kommt und an deren Ende der nie in Mexiko gewesene Mexiko-Experte »ohne Traurigkeit lächelt und stirbt«.

Als Abschiedsgeschenk überreichen ihr die Kolleginnen der Abteilung »Media Typing« ein Päckchen mit Schreibmaschinenpapier, Büroklammern und anderen aus Firmenbeständen entwendeten Utensilien. Es ist Kit und Ilse tatsächlich gelungen: Sie haben Stipendien für Yaddo bekommen, die Künstlerkolonie in Saratoga Springs.

Sie fahren hinauf, hoch in den Staat New York, und Ilse besichtigt das für sie reservierte Arbeitszimmer. Es ist in Weiß gehalten: der Tisch, der Stuhl und die Marmorbüste einer sanften Frau, die ihr beim Schreiben über die Schulter schauen soll. Ilse ist frei in Yaddo. Man muss hier weder kochen noch putzen. Kit kocht und putzt prinzipiell nicht, daher ist das ein Geschenk nur für sie. Es gibt immer genug zu essen, und das Essen, von dem reichlich da ist, ist auch noch großartig. Es hängen Ölgemälde an den Wänden. Überall stehen Tiffanylampen. Ihr Badezimmer ist gigantisch.

Die Gruppe der Stipendiaten frühstückt zusammen und dann bekommen alle schöpferisch Tätigen jeweils ein Lunchpaket ausgehändigt und ziehen sich zum Arbeiten zurück. Zu Mittag gegessen wird im Rosengarten oder an einem der Yaddo-eigenen Seen. Dann folgen noch ein paar kreative Stunden und dann ist der Arbeitstag vorbei und beim Abendessen wird geplaudert.

Sie merkt, dass Kit hier nicht gut zurechtkommt. Die Gruppe hemmt ihn. Es sind einfach zu viele Leute. Ilse schaut sich die Sache zwei Tage lang an. Dann setzt sie sich ins weiße Zimmer. Allein. Virginia Woolf schreibt:»A woman must have money and a room of her own if she is to write fiction.«[74] Geld hat Ilse nicht. Aber drei Mahlzeiten. Und dieses Zimmer. Und keinen Baseballfan nebenan. Sie schreibt den Cornwall-Roman: *Fire in the Sun.*

Von Henry James übernimmt sie, dass es um die Probleme sensibler, kultivierter, materiell abgesicherter Protagonisten geht. In ihrem Cornwall hat niemand Löcher in den Gummistiefeln. Niemand hat Hunger. Niemand sucht im Nebel das Klo. Der Zweite Weltkrieg ist in ihrem Roman gerade zu Ende gegangen, aber keine ihrer Figuren leidet an traumatischen Erlebnissen irgendeiner Art. Lyrikerin Veronica, Heldin des Romans, mag die Bedeutungslosigkeit ihrer literarischen Produktion frustrieren. Eine Erbschaft lindert jedoch den Schmerz – und eine Eigentumswohnung in London. Es geht in diesem Buch um Liebe und um künstlerische Ambitionen und um das Charisma eines

Poeten, der zu viele empfindsame Menschen in den Bann schlägt. Ein Drittel des Romans schreibt Ilse. Das ist genug, um ihn an einen Verlag zu verkaufen. Putnam's, ein bedeutendes Haus in New York, schlägt zu. Nun muss sie das Buch noch fertigschreiben.

Sie kommen zurück aus Yaddo, wohnen wieder in Harlem und Ilse sitzt wieder hinter ihrem Schreibtisch in Midtown. Der Vorschuss von Putnam's war wohl nicht allzu großzügig. Cousin Ernst/Ernest führt Ilse ab und an zum Mittagessen aus. Gelegentlich leiht er ihr Geld. Sie schaut auf das Gedicht neben der Schreibmaschine. »No worst, there is none.«

Kit bleibt zu Hause und malt. Er ist weiterhin nur irgendein englischer Maler, den kaum jemand kennt. Vielleicht ist er zusätzlich noch: irgendein englischer Maler, dessen großer Bruder George Barker heißt.

Dann fällt Cousin Ernest ein, dass er den Künstler Hans Moller, früher Möller, kennt. Dieser wiederum kennt das Sammler-Ehepaar Fred und Florence Olson, und dann werden Ilse und Kit Barker in die Wohnung von Helen und Hans Moller eingeladen, zu einem Abendessen mit den Olsons, die gerade in der Stadt sind, abgestiegen im Waldorf-Astoria. Hier ist die Chance für Kit, wohlhabende Sammler kennenzulernen und nicht nur als kleiner Bruder von George zu gelten, und dann sagt Helen Moller beim Dinieren zu Florence Olson, wie könnte es anders sein, dass Kit der Bruder des berühmten George Barker sei, den bewundere sie, Florence, doch so sehr, und Florence Olson ist so begeistert, dass sie gleich Georges Sonett »To My Mother« auswendig rezitiert. Über die Mutter, »most near, most dear, most loved, and most far«, eine Frau »huge as Asia«. Über die Blaskapelle, den kleinen Hund, die gintrinkende, mutige Mutter, die keinen deutschen Bomber eines Blickes würdigt und sich um jeden verletzten Vogel kümmert. Kit überlebt die Rezitation. Und tatsächlich scheinen die Olsons etwas an ihnen zu finden. Ein paar Wochen später laden sie Kit und Ilse auf einen Drink ins Waldorf ein und dann zu einem Dinner bei einem schicken Franzosen und irgendwann werden die Olsons, die schon Picassos besitzen und Pollocks und Klees und Miros, auch Kit Barkers Gemälde kaufen. Für ihr Haus. Für eines ihrer Häuser.

Am 6. Oktober 1950 betreten zwölf Männer einen deutschen Gerichtssaal. Sie sind angeklagt wegen »Verbrechen gegen die Menschlichkeit«, verübt in Bingen am Rhein. Verhandelt werden am 9. und 10. November 1938 begangene Taten, als die beiden Binger Synagogen zerstört und jüdische Geschäfte und Privatwohnungen geplündert wurden: etwa die Wohnungen des Weinhändlers Roos, des Weinhändlers Hausmann, des Religionslehrers Weiß, der »Kleinpreisladen« der Münzners in der Kapuzinerstraße und die Fleischerei in der Amtstraße. Angeklagt sind ein Weinbergsarbeiter, ein Musiker, ein Bankangestellter, ein landwirtschaftlicher Hilfsarbeiter, ein Oberzollsekretär a. D., ein Kraftfahrer, ein Dachdecker, ein Maurer, ein Mechaniker, ein Forstobersekretär, ein Gartenbauinspektor und ein Reichsbahnbeamter. Vier Männer werden freigesprochen. Die anderen acht sind etwas schwierigere Fälle.

Der Bankangestellte gibt zu, Kleidungsstücke aus der reformierten Synagoge auf die Straße geworfen zu haben. Der Dachdecker gesteht, an der Fassade den Zionsstern und die Gesetzestafeln von einer ausfahrbaren Leiter aus zerstört zu haben. Das habe ihm der Bürgermeister Bingens so befohlen. Der Gartenbauinspektor sagt, er habe sich zwar in der Nähe der Synagoge aufgehalten, sei aber genau in dem Moment nach Hause gegangen, als die Zerstörungen begonnen hätten.

Andere Aussagen werden protokolliert. Viel Zeit nimmt das

nicht in Anspruch. Am selben Tag, an dem die Verhandlung eröffnet wurde, ist sie schon wieder vorbei. Das Gericht stellt auch die weiteren acht Verfahren ein. Im Jahre 1938 habe eine »gewisse Massenpsychose« geherrscht. Die Aktionen seien von »höchster Stelle« angeordnet worden. Zudem lägen die Straftaten schon so lange zurück. Das »Sühne- und Vergeltungsbedürfnis der Allgemeinheit«, sagt der Richter, sei nun »nicht mehr besonders groß«.[75]

Im November 1950 kommen Ilse und Kit zurück nach Yaddo. Jetzt dürfen sie vier Monate lang bleiben. Und sie haben ihr eigenes Häuschen. Es ist noch ruhiger, noch idyllischer. Im Winter gibt es weniger Gäste. Diese spielen sehr viel mehr Tischtennis als im Sommer. Mitstipendiatin Katherine Anne Porter kann nicht verlieren.[76] Ilse schreibt das zweite Drittel des Cornwall-Romans. Und dann das dritte Drittel.

Alles dreht sich um Veronica, die Lyrikerin, und Everett, ihren so großartig dichtenden, sie in den Schatten stellenden Bruder. Veronicas Verlobter, bildender Künstler, will ein Doppelporträt von Veronica und Everett malen. Erst platziert er sie nach vorn und den Bruder nach hinten. Er malt und malt und ist dann gar nicht mehr zufrieden. Vielleicht gehört doch der Bruder nach vorn und die Schwester nach hinten? Mit Terpentin macht er dem gesamten Projekt ein Ende.

Yaddo inspiriert Ilse wohl dazu, die Protagonisten ihres Romans in einem eindrucksvollen Refugium unterzubringen. Trevartha nennt sie das Künstlerparadies von Cornwall. Der so unfassbar charismatische Everett spannt Veronica dort nicht nur den Verlobten aus, sondern zusätzlich noch zwei andere Männer, die sich ebenfalls zuerst für sie interessierten, aber dann ihm, dem großartigen Bruder, verfallen. Sexuelle Beziehungen sind das eher nicht, aber sie sind so eng, dass Veronica schnell keine Rolle mehr spielt.

Ilse lernt in diesem Yaddo-Winter Elizabeth Bishop kennen. Sie ist eine bedeutende Lyrikerin mit einem Asthma-, einem Alkohol- und einem Perfektionismusproblem sowie einer fast krankhaften Schüchternheit. Hinter ihr liegt eine gescheiterte Beziehung mit einer Millionenerbin und eine weitere Liebe samt Trennung unmittelbar danach. Sie wird bald vierzig und hat bisher genau einen Lyrikband produziert. Der Lyrikband hat einen wichtigen Preis bekommen, aber ist eben nur ein einziger Lyrikband. Es wäre wirklich wichtig, einen zweiten darauf folgen zu lassen. Bishops Schreibblockade setzte in dem Moment ein, als ihr klar wurde, dass sie für dieses zweite Buch nur noch ein paar neue Gedichte bräuchte.

Kit Barker und Elizabeth Bishop reden in Yaddo viel miteinander. Das Asthma verbindet sie, die Schüchternheit, die kreativen Hemmungen. Er ist ein immer wieder Fische malender Künstler und in Bishops bisher – hoffentlich »bisher«, wer weiß das schon – einzigem Buch findet sich ein sehr langes Gedicht über einen sehr hässlichen Fisch. In seinem Maul stecken fünf abgebrochene Angelhaken. Läuse haben ihn befallen. Das Gedicht beschreibt ihn mit all seinen Makeln. »And I let the fish go.« Das ist die letzte Zeile.

Kit Barker muss Elizabeth Bishop in ihrer Krise etwas sehr Hilfreiches gesagt haben. Sie wird sich noch Jahre später bei ihm dafür bedanken. Was auch immer Kit ihr geraten hat: Irgendwann stapft Bishop durch den Schnee auf dem Yaddo-Gelände, betritt das Häuschen von Kit und Ilse und hält in der Hand ein Blatt Papier. Die Blockade ist beendet. Ein neues Gedicht.

Ilse Barker und Elizabeth Bishop sind beide leidenschaftliche Briefeschreiberinnen. Sie werden von nun an korrespondieren, jahrzehntelang, über Nordamerika hinweg und über den Atlantik, von der Nordhalbkugel zur Südhalbkugel der Erde. Sie werden einander die intimsten, schönsten, spektakulärsten Briefe schicken, von denen Ilse Barker weit über zweihundert aufbewahren wird und Elizabeth Bishop keine zwanzig.[77]

Es stellt sich am Ende des Cornwall-Romans die Frage, was die allein gelassene Veronica unternehmen könnte. Die Männer um Everett gehen viel wandern. Veronica bleibt allein zurück. Kathrine Talbot entscheidet sich für die prägnante Lösung. Von einer Wanderung wiederkehrend steigen die Herren den letzten Hügel vor Trevartha hinauf und kommen ihn wieder herunter, und weil sie gegen die Sonne schauen, begreifen sie erst nicht recht, was sie sehen. Die Flammen sind nahezu unsichtbar, in etwa so unsichtbar wie Veronica – für diese Männer. Dann registrieren die Wanderer den Rauch. Veronica hat die Künstlerkolonie angezündet. Die Männer rennen los. Sie sind wahrscheinlich nicht schnell genug.

Auch mit dem Frauenschwarm Calvin Kentfield kommt Ilse in Yaddo ins Gespräch. Aber vielleicht wäre es besser gewesen, wenn sie sich nicht kennengelernt hätten.

Wie sie hat auch Calvin einen Verlag für seinen ersten Roman gefunden. Einst ist er als Matrose durch die Südsee gefahren, mit der Handelsmarine, und hat dann doch seinen Abschluss gemacht, an der University of Iowa, weit weg von jeder Form von Ozean. Seine Jahre auf See hat er in sein literarisches Debüt verwandelt. Ilse bietet Calvin an, die letzten Kapitel für ihn zu tippen. Er liest dafür ihr Manuskript.

An der Schreibmaschine stellt sie fest, was für enorme Schwächen Calvins Roman hat. Wie unfertig die Sprache scheint. Wie zusammengeschustert die Struktur. Schon das Konzept: Calvin

Kentfield war in der Südsee unterwegs, also hat er einen Roman geschrieben über jemanden, der in der Südsee unterwegs war. So simpel, findet Ilse, darf es in der Literatur nicht zugehen. Auch sie war in Cornwall und hat einen Cornwall-Roman geschrieben – aber die eigentliche Geschichte, das sagt sie jedenfalls, habe nichts mit ihrem Leben zu tun. Ilse hat als Schülerin einen Vortrag darüber gehört, dass sie als jüdisches Mädchen zu den niederen Lebewesen zähle, sie ist zusammengebrochen und geflohen und in England deportiert worden, hat den »Wednesday«, den »Full Moon«, den »Baby Blitz«, die V1 und V2 überlebt und beim Frühstück einen Brief geöffnet, in dem stand, dass ihre Eltern umgekommen seien, wohl in nationalsozialistischen Lagern, und der mit den Worten endete: »Yours sincerely Victor Lehmann«. Sie kann zudem, das wird sich viel später in ihrem Schriftstellerinnenleben zeigen, die Momente packend genau beschreiben, in denen sie ihre Eltern zum letzten Mal gesehen hat, vor der dann folgenden Verschleppung und Vernichtung: das letzte Winken des Vaters, den Hut, den die Mutter in jenem Sommer trug, die letzte Suppe mit der Mutter, die letzte Umarmung. Erzählen könnte sie von dem Dilemma der Eltern, mit der einen Tochter fliehen und bei der anderen bleiben zu wollen, aber es gibt für sie keinen Grund, daraus einen Roman zu bauen. Literatur, sagt sie, hat mit der Realität, dem gelebten Leben, höchstens indirekt etwas zu tun. Man macht Erfahrungen, die Erfahrungen sickern ins Unbewusste, und aus dem Unbewussten produziert man Fiktion.

Sie überreicht dem attraktiven Kollegen die getippten Seiten und traut sich zuerst nicht, ihm zu sagen, was sie von seinem Werk hält. Calvin Kentfield wird in seinem Leben noch zwei Kurzgeschichtensammlungen über seine Zeit auf See veröffentlichen, einen Roman mit dem Titel *Alle Männer sind Seeleute*, ein Sachbuch über die Pazifik-Küste und ein autobiografisches Buch:

die *Memoiren eines Seemanns in der Handelsmarine.*[78] Er ist nicht ganz so vorsichtig wie sie. Ilses Roman, sagt Calvin, möge er überhaupt nicht. Womit sie ihm auch ihre Meinung mitteilen kann. Voneinander entsetzt gehen sie auseinander.

7

HOLZ

Es putzt das Haus ein junger Mann, der Bestatter werden möchte. Noch dient er den Lebenden. Auch Ilse und Kit. Sie haben New York verlassen, sind mit dem Greyhound nach Westen gefahren. Station machen sie jetzt bei den Olsons in Alton, einem Vorort von St. Louis. Sie tauchen ein in die amerikanische Oberschichtsexistenz. Dazu gehören in dieser Epoche afroamerikanische Hausangestellte: die Köchin in immer frisch gestärkter Dienstuniform und diese männliche Servicekraft. Er erzählt gern und ausführlich von den technischen Details des Beerdigungswesens. Fred und Florence nennen ihn ihren »house boy«.

Über dem Kamin der Olsons hängt ein Hans-Hofmann-Gemälde mit einem magentafarbenen Streifen. Neben dem Hofmann hängt ein Picasso: eine Schüssel mit Kirschen. In Sichtweite auf dem Boden liegt ein Miró-Teppich. Den Flur dekoriert ein Motherwell, im Schlafzimmer von Ilse und Kit hängt Paul Klees »Kind mit einer Blume« und direkt über ihrem Bett ein Aquarell von Jackson Pollock. Abends machen weder Köchin noch »house boy«, sondern Fred Olson persönlich die Cocktails und tagsüber darf Kit Pinsel, Farben, Leinwand, alles, was er braucht, im Künstlerbedarfsladen von Alton, Illinois, auf Freds Rechnung anschreiben lassen.

Als der Sommer des Jahres 1951 vorbei ist, brechen die Barkers auf. Sie nehmen den Bus Richtung Südwesten. In Taos, New Mexico, verbringen sie einen Monat. An manchen Tagen hat die Wüste dort die Farbe von Aprikosen. Bald wird *Fire in the Sun* erscheinen und die Rezensionen werden herauskommen und man wird wissen, wie die Welt auf die neue Romanautorin Kathrine Talbot reagiert. Ihre Mutter hat in den 1890er Jahren Buffalo Bills Western-Varieté in Frankfurt am Main erlebt: die Wigwams, die Tomahawks, die indianischen Darsteller ihrer selbst. Ihre Tochter schaut jetzt, gut ein halbes Jahrhundert später, auf die Wüste vor den Sangre-de-Cristo-Bergen. Ein einsamer Reiter, wohl kein Schauspieler, zieht auf seinem Pferd durch die Weiten.

Sie fahren weiter nach San Francisco. Eine kleine Wohnung finden sie dort, in der Hayes Street, in einem ziemlich abgewrackten Haus. Das Badezimmer müssen sie sich mit diversen älteren Mietern teilen. Auch diese Herren sind in keinem guten Zustand. Hier liest Ilse im Frühjahr 1952 die Kritiken ihres Romans.

In der *New York Times* erregt sich Robert Raynolds. Es handle sich bei Kathrine Talbots Protagonisten um eine kleine Gruppe »spiritueller Diebe«, die versuchten, ihre »kindischen Egos« aneinander »zu mästen«. Für tendenziell diskriminierend hält es Raynolds, dass die einzige Frau, die sich in diesem Roman ein »Heim« und eine »Familie« wünsche, so negativ dargestellt würde. Die *News* in Savannah, Georgia, scheint beruhigt, dass der Roman zwar »freudianische Situationen« behandle, jedoch nicht »extrem abnormal« sei. In Louisville, Kentucky, ist man strenger: Mit einer talentierten Autorin habe man es zu tun, das räumt die Rezensentin des *Courier-Journal* ein. Da »pervertierte Werte« aber nun einmal zu »pervertierter Kunst« führten, könne man, urteilt Louisville, leider kaum etwas Positives über diesen Roman sagen.

Aufnahmen aus Taos, New Mexico, 1951.

George Barker schreibt aus England und gratuliert ihr. Er merkt an, dass es für seinen Geschmack zu wenig Handlung gebe, und empfiehlt ihr, André Gide zu lesen. Er würde gern öfter schreiben, sagt er. Aber er sei so pleite, er könne sich Luftpost nicht oft leisten.

Sie könnte Daphne du Maurier als ihre Konkurrentin ansehen. Deren Roman *My Cousin Rachel* spielt ebenfalls in Cornwall und befindet sich genau jetzt an der Spitze der amerikanischen Bestsellerlisten.

Wenn bei du Maurier jemand an einem Grab steht, dann schwört er, die jeweilige Person zu rächen, die seit kurzem dort unter der Erde liegt. Ein suspekter Italiener entpuppt sich plötzlich als herzensgut. Und eine morsche Brücke bricht natürlich zufällig unter der Heldin zusammen.

Bei Kathrine Talbot brennt zwar ein Haus. Aber es gibt keine morschen Brücken, keine Schwüre, keine Klischees. Von Melodramatik hält sie nicht viel. Sie versteht Literatur als Feld für psychologische Studien. 1945, am Fluss Wye, hat sie den neuen Henry Green gelesen und sie hat einiges von *Loving* übernommen. Es geht ihr darum, eine eigene, genau gezeichnete Welt zu erschaffen. Bei Green ist es jenes Landhaus in Irland, bei ihr diese eine Ecke von Cornwall. In so einer Welt lassen sich die Emotionen derer studieren, die auf engem Raum aufeinanderprallen. Das füllt den Roman mit Energie.

In Greens *Loving* allerdings haben die so unterschiedlich fühlenden, liebenden Individuen viele wichtige Dinge gemeinsam. Sie leben in Kriegszeiten, befürchten eine deutsche Invasion Irlands, sind schockiert von den Bomben auf London und haben Angst vor einer Attacke der IRA. Bei Kathrine Talbot dagegen gibt es keine historische Krise, keine politische Situation, nur Psychologie, Kreativität und Liebe – aber dann wiederum auch nicht so immens viel Liebe wie bei Daphne du Maurier. Einigen Leserinnen und Lesern scheint das nicht genug zu sein.

Kit unterrichtet jetzt an der California School of Fine Arts. Das bringt ihm Reputation, aber wenig Geld. Ein Bestseller wird *Fire in the Sun* nicht. Daher, so ist es bei ihnen, muss die Schriftstellerin namens Kathrine Talbot wieder tippen gehen. Bei IBM findet sie einen Job.

Ihr neuer Arbeitgeber ist gerade kurz davor, den »701« auf den Markt zu bringen, einen Vorläufer des PCs.[79] Ilse wird das firmeneigene Liederheft ausgehändigt. In diesem sind drei Songs versammelt: »March on with IBM«, »Hail to the IBM« und »Ever Onward«, das in den Zeilen endet: »Once or twice then sing again / For the Ever Onward IBM«. Die Lieder preisen Firmenchef T. J. Watson, dessen Name für immer leben soll, und den Ruhm seiner Firma, der sich über die sieben Weltmeere erstreckt.

Fünfzig Jahre später wird ein Investigativjournalist die Geschichte des Konzerns erforschen. Er ist der Sohn von Holocaustüberlebenden. Er wird nachweisen, dass die IBM-Lochkartentechnologie, von den Nationalsozialisten eingesetzt, die Erfassung, Verfolgung und Vernichtung der europäischen Juden mit ermöglichte.[80]

Im *Saturday Review of Literature* erscheint ihr Foto. »Kathrine Talbot« steht darunter und zwei weitere Worte: »intuitive brilliance«. Kritikerin Pamela Taylor preist den extraordinären Geschmack der Autorin, die Effizienz des Romans, seine Ehrlichkeit und die verblüffende Art, mit der hier eine sensible, hochemotionale Frau dargestellt werde. Im *Hollywood Citizen* nennt Rezensentin Patty Scratch *Fire in the Sun* einen »exzellenten psychologischen Roman.« Die *Daily News* in New York preist die »Spannung und Kraft«, die sich langsam aufbaue. Die *Oak-

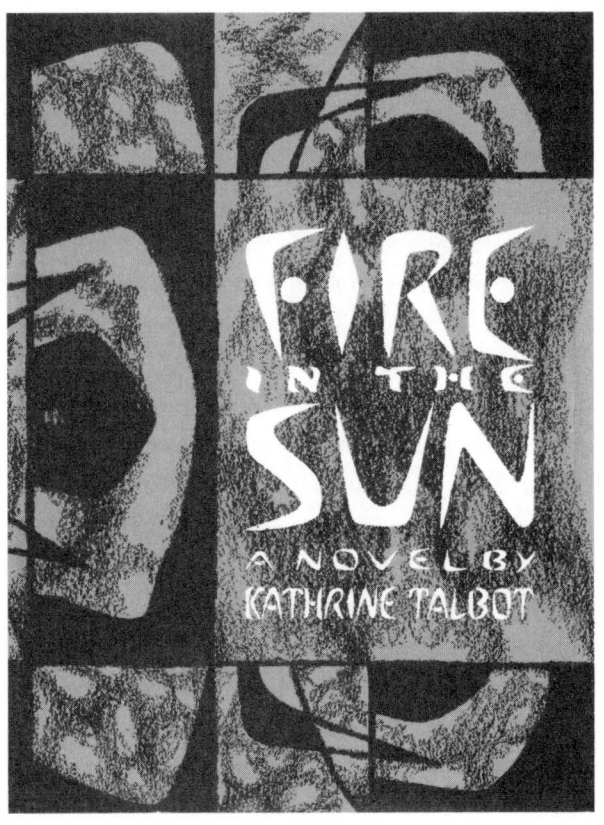

Kathrine Talbots Debüt: *Fire in the Sun,*
erschienen 1952.

land Tribune lobt Kathrine Talbots Werk als »strongly poetic«. Die *Times* in Hartford, Connecticut, bezeichnet sie als überwältigenden »›mood‹ writer«.

Eines fällt ihr auf in den USA: wie viel Holz es gibt. In England ist es so knapp. Hier geht man durch den Wald und man stößt, einfach so, auf ein leerstehendes Holzhaus. Die Veranda mag vielleicht schief sein und das Haus merklich von Stinktieren heimgesucht. Aber es steht leer, obwohl es aus soliden Balken und Dielen besteht. In England wohnen die Leute in Kellern, schlafen auf dem Fußboden, leben mit Kindern, Eltern, Schwiegereltern in einem Zimmer. Alle brauchen Holz. Kit und Ilse laufen über den Strand bei San Francisco und sehen überall Baumstämme, Stöcke, Bohlen. Sie bückt sich, nimmt ein Brett auf, noch eins, noch eins. Als könne sie das Holz nach England schicken.

Es ist vielleicht nicht die Zeit für »›mood‹ writers«. Auch die lobenden Kritiken bringen keinen dauerhaften Erfolg. Die bedeutendsten amerikanischen Romane dieser Zeit basieren auf den echten Erfahrungen ihrer meist männlichen Autoren. James Jones war wirklich Soldat in der 27. Infanterie und sein Bestseller *From Here To Eternity* verwandelte reale Schlachten in Fiktion. Herman Wouk fuhr tatsächlich auf Minensuchbooten durch den Pazifik und machte daraus den gigantischen Erfolg *The Caine Mutiny*. Diese Wege eröffnen sich Kathrine Talbot nicht.

Und die großen Männer der Moderne dominieren die Literatur immer noch. Es gibt Welten, die nur sie allein zu verstehen scheinen. William Faulkner, Gewinner des National Book Award von 1951, gilt als die allgemein akzeptierte Autorität des grausamidyllischen amerikanischen Südens. John Steinbeck, Schriftsteller des Westens, hat mit *East of Eden* gerade einen Bestseller verfasst. Ernest Hemingway fängt beeindruckende Fische, erscheint damit in den Illustrierten und erbeutet dann den Pulitzerpreis für *The Old Man and the Sea*. Wenn er über einen Hochseeangler schreibt, vertraut ihm Amerika.[81] Eine Kathrine Talbot, die niemand kennt, bekommt nicht ganz so viel Kredit.

Ilse beendet ihre Laufbahn bei IBM. Im Sommer 1952 machen sie wieder in Alton Station. Sie sind auf dem Rückweg an die Ostküste. Ein paar Monate bleiben sie bei den Olsons.

Kit malt. Von Fischen hat er sich entfernt. Auch er ist jetzt abstrakter geworden. Die Titel seiner Bilder gehen ins leicht Komplizierte. »Echos des Clavichords« heißt eines, »Variationen eines heraldischen Elements« ein anderes. Sein Gemälde »Frau mit Kopfschmerzen« hat einen einfacheren Titel bekommen.

Ilse korrespondiert mit Rechtsanwalt Lehmann in London. Es geht um Entschädigungsangelegenheiten. Die Bundesrepublik Deutschland benötigt Auskünfte von ihr. Sie hat einen Vertrag für einen weiteren Roman unterschrieben. Aber sie hadert mit ihren Ideen. Findet keinen Anfang. Kit hat noch immer Heimweh nach England. Einmal in der Woche tippt aber nicht er, sondern Ilse einen Brief an seine Mutter.

Fred und Florence sind unterwegs. Kit und Ilse haben die Aufgabe, Rommee mit Großvater Olson zu spielen. Er hat viel von früher zu erzählen. Sie hören zu. Sie wohnen in einer Millionärsvilla. Hausangestellte bedienen sie. Aber sie sind so gut wie pleite. Was sie sich leisten können: außerhalb der Kartenspielzeiten mit dem Cadillac der Olsons und ein paar Flaschen Bier zum Mississippi zu fahren und auf den Fluss zu gucken.

Dann sind Fred und Florence wieder da und mit den Plänen für ihr neues Haus beschäftigt. Diese liegen jetzt auf dem Esstisch. Auch sie wirken wie abstrakte Kunst, ähneln Kits neuen Gemälden. Es sind die Skizzen für ein modernistisches Gebäude direkt am Atlantik. Dieses weitere Domizil der Olsons entsteht auf einer Halbinsel am Long Island Sound, mit mehr als genug Platz für Gemälde und Skulpturen. Der Henry Moore etwa muss schließlich irgendwo stehen. Wie eine offene Hand legt sich das Hauptgebäude um den Swimmingpool. Es wird Panoramafenster geben, dramatische Perspektiven, zu drei Seiten Meer. Das Haus lässt Ilse nicht los.

»Write what you know.« Dieser Satz wird sich in der Literaturszene durchsetzen. Literarische Werke sollen auf eigenen Erfahrungen basieren. Das Schriftstellersein, so ein neues, amerikanisches Konzept, lässt sich an Universitäten lernen. In den Seminarräumen der Hochschulen sitzen angehende Autoren und viele von ihnen sind ehemalige Soldaten. Worüber sie schreiben? Über etwas, womit sie sich auskennen.[82]

»Write what you know.« Kathrine Talbot könnte eine Geschichte damit beginnen, dass sich der Kantor der Jüdischen Gemeinde in Bingen über das Gesicht wischte, weil er nicht wusste, was er sagen sollte. Sie war dabei. Es wäre aber eigentlich nicht die Geschichte des Kantors, sondern die eines Textilwarenhändlers in Bingen. Jeder kannte ihn: Sein Laden war gleich am Marktplatz. Und jetzt, 1935, musste er ins Gefängnis, weil man ihm, einem jüdischen Binger, vorwarf, er habe eine seiner als »arisch« kategorisierten Verkäuferinnen belästigt. Die Tochter des Kaufmanns war ein kleines, blondes, hübsches Mädchen, immer gut gelaunt, und die Feiern bei ihr, fanden die Binger Mädchen, waren immer die besten gewesen, weil sie im Modegeschäft selbst abgehalten wurden, wo es Kaffee und Kuchen an einem langen Tisch gab und man danach Verstecken spielte zwischen all den Kleidern und Hüten und Mänteln und schließlich mit mehr als genug Glitzerband und einem Ballon in der Hand nach Hause ging. Dann, ein paar Jahre älter, saßen die jüdischen

Mädchen von Bingen in einem Raum oben in der Synagoge beim Hebräischunterricht. Vorne stand der Kantor und wurde herausgerufen. Sie redeten alle wild durcheinander, bis er wieder hereinkam und zu jenem fröhlichen blonden Mädchen sagte, dass sie jetzt heimgehen solle. Sie verließ den Raum. Dann sagte lange niemand etwas. Der Kantor fuhr sich mit einer Hand durchs Gesicht und sagte: »Ihre Mutter braucht sie zu Hause.« Der Textilwarenhändler hatte sich in seiner Zelle aufgehängt.

Ilse verknüpft das Leben der Olsons und die Idylle von Yaddo. Sie wird über ein Paar schreiben: er Architekt, sie Schriftstellerin. Er hat für sie ein großartiges Haus gebaut. Großartiger geht es nicht. Sie führen auch eine großartige Ehe, sollte man meinen, wenn sich nicht schon abzeichnen würde, dass er das perfekte Haus nicht mehr ganz so perfekt findet, weiterziehen will, woanders bauen, an der Küste, obwohl sie so gern bleiben würde und sich am Meer aus bestimmten Gründen nicht wohlfühlt. Und so großartig, breit rezipiert und preisgekrönt die literarischen Werke dieser Frances Siddorn auch sein mögen, so miserabel ist die Idee der gefeierten Autorin, eine attraktive junge Frau als Langzeitgast in das perfekte Haus zu holen und dort eine Weile mit ihrem unsteten Gatten allein zu lassen.

Kathrine Talbots *The Innermost Cage*, von einer chronisch unterfinanzierten Schriftstellerin verfasst, erzählt wieder von Menschen gehobener Einkommenskategorien. Sie tragen Pelzmäntel. Sie trinken Cocktails. Sie haben definitiv genug Holz zur Verfügung. Auch die Katastrophen des 20. Jahrhunderts sind fast unsichtbar. Nur die beiden Bedienten des Erfolgspaars skizziert Kathrine Talbot als europäisch, als seelisch verwundet, durch Ereignisse, die sie nicht näher benennt. Um Untreue dreht sich der Plot, anscheinend nicht um mehr.

Aber es kommt ans Licht, dass die elegante Starautorin von

traumatischen Erinnerungen geplagt wird. Frances Siddorn ist die Überlebende eines Schiffsunglücks. Als Kind ist sie mit ihren Eltern in einem Rettungsboot über den Pazifik getrieben. Sie hat auf die trockenen Lippen der Eltern geschaut und das letzte Wasser bekommen, was diese sich vorenthielten. Vater und Mutter verdursteten, die Tochter wurde zur gefeierten Schriftstellerin. Nach langem Zögern hat Frances diese wahre Geschichte aufgeschrieben und veröffentlicht. Das war vielleicht ein Fehler. So sagt es der Roman.

Rezensionen schreibt Ilse jetzt, als Kathrine Talbot, für den *St. Louis Post-Dispatch*. Sie macht deutlich, was sie von Literatur erwartet: keine einfache Darstellung des Realen, sondern Tiefe und Raffinesse. Da ist dieser Roman einer jungen belgischen Autorin, Françoise Mallet, über ein fünfzehnjähriges Mädchen, das mit der Mätresse des eigenen Vaters eine Liebschaft beginnt. Die französischen Intellektuellen hat das Werk natürlich begeistert. Kathrine Talbot ist eher enttäuscht. Ihr Urteil: psychologisch flach, ohne literarische Qualitäten. Gnädiger ist sie mit Eleanor Lothrops Roman über drei unglückliche Frauen in New York. Aber sie betont, dass sich *Sing for Your Supper* stellenweise nicht wie Literatur lese, sondern wie eine »halbwissenschaftliche Untersuchung«. Kathrine Talbot meint das nicht als Kompliment.

Von den Olsons aus reisen sie wieder nach Yaddo, zum dritten und letzten Mal. Elizabeth Bishop wird diesmal nicht da sein. Bishop hat eine Urlaubsreise nach Brasilien gemacht, dort eine Frau kennengelernt und plant, bis auf Weiteres bei ihr zu bleiben. Sie ist umgeben von Mäusen, Motten und möglicherweise blutsaugenden Fledermäusen. Sie hat das Gefühl, noch nie in ihrem Leben so glücklich gewesen zu sein. Zwei Brasilianern hat Bishop Ilses ersten Roman geliehen. Einer von ihnen, schreibt sie,

Kathrine Talbots zweiter Roman:
The Innermost Cage (1955)

habe ihn nicht verstanden. Dem schlaueren der beiden habe er sehr gefallen. Insgesamt gebe es ziemlich viele unattraktive Menschen in Brasilien, das müsse man, so Bishop, schon sagen. Insbesondere die armen Leute seien recht hässlich, meint Bishop, weist aber auf einige afrobrasilianische Ausnahmen hin. Sie bittet die Barkers darum, mit ihr in Kontakt zu bleiben. »I hate to keep losing people«, schreibt sie. Außerdem hätte sie gerne, falls sie nach London zurückgehen sollten, Briefpapier, besonders blaues, jenes von Smythson, 54 New Bond Street in Mayfair. 200-300 Blätter und 150 Umschläge wären wunderbar.

Kathrine Talbots *The Innermost Cage* wird 1955 erscheinen. Ein makelloser Erfolg, ihr zweites Buch, wenn die *New York Times* nicht wäre. Andere Zeitungen werden den Roman loben, seine psychologische Exaktheit, den straffen Plot, den feinen Stil. Auch die wichtigste Zeitung Nordamerikas wird erwähnen, dass es eine Freude sei, solch »präzise, poetische Prosa« zu lesen. Aber die Schlagzeile »Schiffbrüchige Autorin« wird über der Rezension sitzen. Auf schlimme Art doppeldeutig. Und das in der *New York Times*.

Kritikerin Olga Owens wird eine Szene am Ende des Romans missfallen. Frances Siddorn spaziert da von ihrem perfekten Haus über ihr perfektes Anwesen zu ihrem perfekten Privatteich herunter, setzt sich in ein Bötchen und rudert auf das nicht besonders weite Gewässer hinaus. Sie wagt das: trotz ihrer nie überwundenen Angst vor dem Wasser, trotz des Traumas im Pazifik, trotz der im Rettungsboot verdursteten Eltern. Und natürlich führt dieses Bötchenfahren über den Weiher sie dann doch emotional zurück zu den Erinnerungen an den todbringenden Ozean und an die Leiden von Vater und Mutter. Das wird Olga Owens ärgern. So soll eine Frau mit dieser Tragödie umgehen? In einem Ruderboot? Auf einem Teich? Mit einem solch grauenhaften Erlebnis am anderen Ende der Metapher? Owens wird die Szene »silly« nennen. Prädikat der *New York Times*: Schiffbruch.

Vielleicht wird Ilse Barker klar sein, dass Olga Owens in diesem Punkt recht hat. Vielleicht weiß sie das so genau, wie niemand sonst es weiß. Das Trauma und das Bötchen wirken lächerlich im Vergleich. Weil sich manche Geschichten nicht erzählen lassen und man deshalb Ersatzgeschichten erzählen muss. Weil es den Alltag der Fünfzigerjahre gibt und Cocktails und Hotelsuiten mit sehr dickem Teppichboden, das einerseits, und andererseits die Vernichtung der europäischen Juden, von der sie als Autorin Kathrine Talbot konsequent schweigt: vielleicht, weil sie sich als Mensch Ilse Barker damit nicht befassen kann oder will, vielleicht, weil in dieser Zeit nicht allzu viele Leute etwas darüber hören wollen. Irgendwann, viele Jahre später, wird sie von diesen Ereignissen erzählen können, aber jetzt geht das noch nicht. Und deshalb denkt sie, Ilse Barker, sich als Kathrine Talbot andere Bilder aus, andere Szenen. Den Schmerz gibt es, er ist real, und sie hat, immerhin, einen Platz im Roman dafür geschaffen. Daher das Bötchen, daher der Teich. Weil aber auf diese Weise das wirkliche Leid verborgen bleibt, wird eine Olga Owens merken, dass etwas an der Konstruktion nicht stimmt. Und alle literaturinteressierten *New York Times*-Leser wissen dann Bescheid. Das wird Ilse Barker sicher wehtun. Aber auch dieser Schmerz wirkt wohl lächerlich im Vergleich.

8

SUSSEX

Ende 1952 sind Kit und Ilse zurück in London, nach dreieinhalb Jahren in den USA. Brennnesseln wachsen in den Lücken, die die deutschen Bomben gerissen haben. Auch die Lebensmittel sind nach wie vor rationiert. Vater Barker versteckt noch immer den Schlüssel zum Heißwasserbereiter.

Ilse würde gern im Grünen wohnen. Derzeit sind sie nicht ganz pleite. Kit hat ein paar Bilder verkauft, Ilse ihren zweiten Roman. Zweihundert Pfund besitzen sie. Für fünfzig Pfund kaufen sie sich einen zwanzig Jahre alten Austin und fahren damit drei Monate lang durch Kent und Sussex, auf der Suche nach einer Immobilie.

Ein schönes Haus haben die Gills, Bekannte von George. Man könnte es auch ein Chateau nennen. Vorne parkt ein Jaguar, drinnen hängen Ölgemälde von Seeschlachten, hinten grünt ein krockettauglicher Rasen. David Gill verweist Kit und Ilse auf ein leerstehendes kleines Häuschen bei ihnen in der Nähe. Auf Bexley Hill. Es steht dort seit 1565.

Sie fahren den Hügel hoch, steigen aus, ziehen an der Tür die Köpfe ein und halten die Hälse auch drinnen weiter schräg. Die Decken waren im 16. Jahrhundert möglicherweise noch hoch genug. Das Haus hat keine Elektrizität, kein fließendes Wasser, keine Toilette. Es ist genau das, was sie gesucht haben. Aber leisten können sie es sich nicht.

In Bingen am Rhein bewahrten Karl und Agnes Groß ihre Libretti sorgfältig auf, in einem Schrank unterhalb des Bücherregals. Wenn sie Opern im Radio hörten, folgten sie den Texten, die vor ihnen auf den Knien lagen. Sie hatten jeweils zwei Exemplare, eines für den Vater, eines für die Mutter. So konnten beide gleichzeitig hören und lesen. Die Lieblingsoper der Mutter: *Aida*. Die des Vaters: *Cavalleria Rusticana*.

Die gesamte Landschaft um das Häuschen auf Bexley Hill herum gehört dem Viscount von Cowdray. Er ist verwandt mit Winston Churchill, mütterlicherseits. Gegen Ende des 20. Jahrhunderts werden nur vierzehn Briten reicher sein als der Viscount von Cowdray. Seinen linken Arm hat er beim Rückzug der Briten aus Dünkirchen verloren.[83]

Die Gills leihen den Barkers das fehlende Geld. Sie ziehen ein in das Häuschen und sind von Bäumen umgeben, von wildem, altem Wald, und diesen Wald wird der Viscount irgendwann abholzen lassen und dann werden sie den Wald vermissen, aber dafür eine wunderbare Aussicht vom Bexley Hill hinaus aufs weite Land haben. Dann wird wieder ein neuer Wald wachsen und die Aussicht wird ein bisschen weniger wunderbar werden. Der Wald wird auch nicht mehr so wild sein. Das alles werden sie hier miterleben. Mit Wasser versorgen sie sich aus einem Brunnen. Unter einer Eibe befindet sich das Plumpsklo.

Das Kleid, das sie trägt, ist erst nach neun Entwürfen in seiner jetzigen Form entstanden. Es hat ein Blumen- und Pflanzenmuster. Man erkennt etwa den walisischen Wildlauch und die indische Lotusblume, die schottische Distel und den südafrikani-

Das Haus auf dem Hügel: Bexley Hill, West Sussex.

schen Zuckerbusch, die englische Rose und die australische Akazie. Eine Samtschleppe wird an den Schultern des Kleids befestigt. Sie ist fünfeinhalb Meter lang, mit kanadischem Hermelin abgesetzt. Sieben junge Frauen tragen die Schleppe hinter ihr her. So betritt sie Westminster Abbey. Sie ist siebenundzwanzig Jahre alt und schon eineinhalb Jahre lang Staatsoberhaupt, aber sie wird heute gekrönt, am 2. Juni des Jahres 1953, in der ersten im Fernsehen übertragenen Krönungszeremonie der britischen Geschichte.[84]

Im Jahr 1953, sie ist zweiunddreißig Jahre alt, erfährt Ilse Barker mehr über das Schicksal ihrer Eltern. Eine Augenzeugin hat einer Verwandten geschrieben. Karl Groß habe in Theresienstadt als Krankenträger gearbeitet. Er sei immer optimistisch gewesen oder habe gesagt, dass er optimistisch sei. Er habe sich nie beschwert. Im Herbst des Jahres 1943 habe er seinen warmen Wintermantel gegen ein Brot eingetauscht: für seine Hunger leidende Frau. Ihre Mutter habe ihren Verstand verloren. Sie sei durch das Lager gewandert und habe um Münzen gebettelt, damit sie ihrer Tochter nach England folgen könne. Karl Groß sei in Theresienstadt an Mangelernährung gestorben. Agnes Groß sei nach Auschwitz deportiert und dort ermordet worden.

Elizabeth Bishop meldet sich aus Brasilien. Die Architektin Lota Macedo Soares hat sie dazu gebracht, ihren Südamerikaurlaub zu verlängern. Fünfzehn Jahre wird Bishop bleiben. Die Leute um sie herum sagen, Lota sei die klügste Frau von ganz Brasilien. Bishop sagt, sie habe in ihr die Liebe ihres Lebens gefunden.

Alle paar Wochen schreiben Bishop und die Barkers einander lange Briefe. Es geht um Gürtelrose, Zahnschmerzen, Haustiere. Darum, wie man in Brasilien Kaffee kocht. Um Unterschiede zwischen der Zeichensetzung im amerikanischen und im britischen Englisch. Die Frage, ob man sich einen Jaguar oder einen Mercedes kaufen sollte: Sie stellt Bishop. Die Anmerkung, dass das Porto für Briefe von England nach Brasilien ziemlich ins Geld gehe: Sie kommt von den Barkers. Bishop tauscht sich mit Kit über Kunst aus, mit Ilse über Literatur.

Ilse scheint Bishop in diesem Herbst einen traurigen Brief geschrieben zu haben, über das Schreiben, die Probleme damit, über mangelnde Akzeptanz. Bishop antwortet, sie habe sie, die Barkers, von Anfang an gemocht, weil sie so bescheiden seien. Weil sie gar nichts hätten von den Leuten in New York, die andere Menschen nur benutzten. Dann erzählt sie von ihren eigenen Frustrationen beim Schreiben und wie es dann zwischendurch zufällig einmal funktioniere. Und wie sie sich am nächsten Tag frage, beim nochmaligen Lesen, wie sie nur so etwas Abgedroschenes habe verfassen können.

Er heißt Leslie und spricht über Mäuse. Sein Name war noch Lothar, als er 1938 in Berlin in den Zug stieg, mit dreizehn, ein Kind des Kindertransports. Jetzt, fünfzehn Jahre später, hält er einen Vortrag in London. Er zeigt Bilder von weißen Nagetieren, deren Fell braune Flecken hat. Die Mitglieder der Britischen Gesellschaft für experimentelle Biologie hören ihm zu. Leslie erklärt, wie seine Arbeitsgruppe die weißen Mäusekörper dazu gebracht hat, die fremde Haut zu akzeptieren.

Seine Schwester hätte mit nach England kommen können. Aber sie hatte sich wohl gerade in jemanden verliebt und wollte deshalb bleiben. Seine Eltern und seine Schwester sind nach Riga deportiert und dort erschossen worden, im Wald von Rumbula. Über die genauen Umstände wird Leslie erst nach 1989 mehr herausfinden.

Leslies Vorgesetzter wird im Jahre 1960, sieben Jahre nach diesem Londoner Vortrag, den Nobelpreis für Medizin bekommen und das Preisgeld mit Leslie und einem anderen Kollegen teilen. Leslie Baruch Brent wird als älterer Herr von einem Online-Magazin interviewt werden. Er wird die Situation des Jahres 1938 mit der Flüchtlingskrise des 21. Jahrhunderts vergleichen. Migranten dieser neuen Zeit, sagt er, würden sicher alles geben, so wie er, um die Großzügigkeit sie aufnehmender Länder zurückzuzahlen. Er wird über seine ihn noch immer plagenden Alpträume sprechen und über die nicht aufhörenden Schuldgefühle, so »irrational« diese auch seien. Leslie Baruch Brents Forschungsarbeiten werden helfen, das Leben zahlloser Transplantationspatienten zu retten. Großbritannien hat ihn gerettet.[85]

Der *New Yorker* lehnt Ilses Kurzgeschichten immer wieder ab, bittet sie, noch einmal etwas zu schicken, lehnt dann wieder ab. Bishops Erzählungen drucken sie, obwohl Bishop von sich selbst sagt, keine Ahnung zu haben, wie man Prosa schreibt. Bishops Kurzgeschichte »In the Village« erscheint im *New Yorker*. Sie erzählt von einem kleinen Mädchen, dessen Mutter in einer Anstalt lebt. Bishop schreibt Ilse, dass es sich gar nicht um Fiktion handle. Sie habe nur das aufgeschrieben, was sie selbst als Kind erlebt habe. Mehr nicht.[86]

Zukünftige Literaturwissenschaftlerinnen werden betonen, wie sehr sich Elizabeth Bishop von anderen Autorinnen ihrer Zeit unterscheide, weil sie nichts Privates nach außen dringen lasse.[87] Aber es ist eben nicht nichts, sondern doch etwas. Auf dieser Welt gibt es zumindest eine Schriftstellerin, die noch mehr Bedenken hat, Persönliches in Literatur zu verwandeln.

Im Juli 1954 trifft sich Ilse mit Anwalt Lehmann. Er stellt ihr Fragen über ihren Vater, ihre Mutter, ihre Schwester. Ilse hat kaum Antworten. Lehmann wirkt irritiert. Ihn wundert auch, dass Ilse kein Deutsch mehr spricht. Sie schreibt ihm ein paar Tage später und entschuldigt sich, dass sie so »unhelpful« gewesen sei. Sie wisse, dass er diese Dinge mit ihr besprechen müsse, und sie wisse, dass sie ihm eigentlich dabei helfen solle, ihr zu helfen.

Sie haben sich einen Container mit Fenster gekauft. Der steht jetzt einige Meter vom Häuschen entfernt: Kits Atelier. Gutes Licht kommt von Norden. Auch für ausladende Gemälde ist der Container groß genug. Kit geht morgens malen. Ilse setzt sich an die Schreibmaschine. Das Häuschen gehört in dieser Zeit ihr.

1955 führt sie Tagebuch. Sie benutzt dafür das taschenbuchgroße *Amateur Gardening Diary and Horticultural Directory 1955*. Das Layout dieses Kalenders lässt nicht viel Platz pro Tag. Und ihre Handschrift ist recht ausladend. Am 15. Januar notiert sie: »Letter from Tony + from Tante Matilde.« Das deutsche Wort »Tante« benutzt sie noch. Am 29. April schreibt sie als Gärtnerin: »Kohl Rabi + flowers doing well.« Es ist ein sehr englisches Tagebuch. Sie notiert die Außentemperaturen, Regen, mehr Regen, dann den sonnigen Tag. Wer zum Tee kommt, wer übernachtet, mit wem sie ins Kino geht, in den Pub. Sie vermerkt, dass der Hund zum Tierarzt musste und dass Kit einen Wildapfelbaum gefällt hat und dass Faber & Faber, der so immens renommierte englische Verlag, darüber nachdenkt, *The Innermost Cage* in England zu veröffentlichen. Elaine hat ihr das geschrieben, ihre Agentin. Das hieße, ihr Roman würde auf beiden Seiten des Atlantiks erscheinen.

Aus einem gigantischen Stapel von Manuskripten haben sie bei Faber & Faber *Strangers from Within* gefischt. Der Roman wird zu einem der wichtigsten, meistgelesenen Bücher seiner Zeit aufsteigen. Erst muss man ihn allerdings umbenennen. Man wird

Autor William Golding fragen müssen, ob er einverstanden ist. *Lord of the Flies:* Das wäre eine Idee. Die Entscheidungen bei Faber & Faber trifft das »Book Committee«. Es besteht nur aus Männern. Eine Sekretärin führt Protokoll. Eine andere Frau ist indirekt an den Sitzungen beteiligt: Sie kocht das Mittagessen. Kurz vor ein Uhr mittags wird das Tablett mit den Drinks in den Konferenzraum getragen. Dann erscheint auch das Komiteemitglied T. S. Eliot. Er hat jüngst eine Faber & Faber-Sekretärin geheiratet. Meist entscheidet er sich für einen trockenen Martini.

Auf die Drinks folgt der Lunch. Bevor dieser beginnt, das ist die Regel, muss die protokollierende Sekretärin den Raum verlassen. Die Leitlinie wird irgendwann im Laufe der Fünfzigerjahre aufgeweicht. Bis Mitte der Sechzigerjahre gilt jedoch, dass Frauen bei Faber & Faber keine Hosen tragen und nicht rauchen dürfen.

Nach Drinks und Mittagessen sitzen die Männer und die wieder mitschreibende Sekretärin um einen achteckigen Tisch und treffen Entscheidungen. Ein Theaterstück namens *Waiting for Godot* wird sich 1956 sehr gut verkaufen. Man wird beschließen, Samuel Beckett zu fragen, ob er nicht vielleicht ein Buch mit seinen persönlichen Erinnerungen verfassen möge. Etwas Autobiografisches, wie wäre es damit? Beckett hat kein Interesse. Er antwortet, auf Französisch, dass er weniger persönliche Erinnerungen habe als ein sechs Monate altes Baby.[88]

Das Nachdenken bei Faber & Faber hat Folgen für Kathrine Talbot. »Feel too nervous to live!!!« ist Ilses Reaktion im *Amateur Gardening Diary.* Am 4. Februar 1955 kommt ein Brief aus London. Sie schreibt: »Excitement beyond belief! Dear God!« Der Verlag hat nicht nur *The Innermost Cage* übernommen, sondern will auch ihren nächsten Roman veröffentlichen. Aber schon am

14. Februar notiert sie: »All this success is bad for me.« Sie macht sich Sorgen um Kit, der nicht genug Erfolg hat.

Das Frühjahr 1955 ist eisig. Kit und Ilse haben ihren Holzvorrat aufgebraucht. Sie ziehen durch den Wald und sammeln Äste und Zweige. Als es dann ein bisschen wärmer wird, regnet es in Strömen.

Sie fahren nach London, weil Kits Mutter im Sterben liegt. Kit setzt sich neben ihr Bett. »Big Mumma« kann nicht mehr sprechen. Vielleicht ist Kit ihr Lieblingssohn: ein hübsches Baby, kränkelnd als Kind, ein gutes Stück braver als George. Die todkranke Mutter hat ihre Handtasche vor sich auf dem Bett liegen und öffnet sie. Sie nimmt Münzen aus der Tasche, kleine, mittlere, größere, und schließlich einen Geldschein. Über die Decke schiebt sie das Geld in Kits Richtung und lächelt ihn an. Wie damals, bevor die Pubs aufmachten.

Ilse tut, was Anwalt Lehmann ihr rät: Sie erstellt eine Liste des Hausrats in der Gaustraße 11 in Bingen, damals, in den guten Zeiten. Es fällt ihr schwer, sich zu erinnern. Drei Bilder hingen im Esszimmer. Ölgemälde. Möglicherweise wertvoll. Im Musikzimmer: ein Kronleuchter, vielleicht französisch. Ein Electrolux-Staubsauger stand in der Küche und ein Sonnenschirm auf dem Balkon. Es wird doch eine längere Liste.

Dann schreibt sie ihre Lebensgeschichte. Auch das ist für die Entschädigungsanträge nötig. Sie erklärt, dass in der Kleinstadt Bingen die antisemitische Verfolgung »erfolgreicher« war als in größeren Städten. Weil jeder jeden kannte, konnten die jüdischen Binger schon bald nicht mehr auf die Straße gehen. Sie erläutert die ursprünglichen elterlichen Pläne für ihre Schulbildung. Nach dem Lyzeum habe man sie nach Frankfurt schicken wollen. Dort habe sie das Abitur machen sollen, um dann eine Universität zu besuchen, erst in Berlin, dann in Paris. Sie schreibt von den neuen antisemitischen Lehrerinnen nach 1933, von ihrem Zusammenbruch 1935, vom Besuch des Sanitätsrats. Sie beschreibt das spätere Schicksal von Mutter, Vater, Schwester. Sie schickt die Unterlagen ab.

Anwalt Lehmann antwortet, dass das nicht genüge. Sie müsse separate Lebensläufe für Mutter, Vater und Schwester anfertigen. Vielleicht auf Deutsch? Dann müssten sie nicht eigens übersetzt werden.

Sie schreibt zwei Schreibmaschinenseiten pro Elternteil und eine halbe Seite über Bertha. Wie Strähnen im Haar ihrer Mutter im Frühjahr 1933 plötzlich weiß geworden seien, nach den ersten antisemitischen Boykotten in Bingen. Dass ihr Vater zu diesem Zeitpunkt schon 57 Jahre alt gewesen sei und kein besonders flexibler Mensch. Er sei aber stets überzeugt gewesen oder habe gesagt, er sei überzeugt, dass die nationalsozialistische Herrschaft nicht lange dauern würde. Die Schwester habe immer die Mentalität eines kleinen Kindes gehabt, auch wenn sie doch noch sprechen gelernt habe und sogar hätte schreiben können. Aus dem Pflegeheim in Rhens am Rhein sei sie von den Nationalsozialisten verlegt worden, in eine jüdische Einrichtung in Bendorf-Sayn.[89] Ilse vermerkt den ungefähren Zeitpunkt von Berthas Ermordung, »on or about 30 April 1942«.

Sie steckt die Lebensgeschichten – natürlich auf Englisch verfasst – in einen Umschlag. Es sei seltsam, schreibt sie im Begleitbrief an Lehmann, dass das Leid ihrer Familie so wenig singulär sei (»such a common thing«). Wahrscheinlich, schreibt Ilse Barker, würde kein Leser dieser Geschichten je Schmerz oder Mitleid empfinden.

Ab und zu kaufen die Olsons noch eins von Kits Bildern. So kommt wenigstens manchmal Geld herein. Kit versucht, Galerien für seine Arbeiten zu interessieren. Er hat Ausstellungen in London. Es gibt gute Kritiken, aber kaum Käufer.

Auch Ilse verdient nicht viel Geld. Weder *Fire in the Sun* noch *The Innermost Cage* scheinen kommerzielle Erfolge zu sein, auf keiner Seite des Atlantiks.

Ein Bekannter hat einen großen Apfelgarten und lässt sie bei der Ernte mitarbeiten. Die männlichen Pflücker erhalten einen Schilling und elf Pence pro Stunde, die Pflückerinnen einen Schilling und acht Pence.

Dann erstehen Colleges in Oxford einige Werke Kits und die Bundesrepublik Deutschland überweist Ilse die ersten Entschädigungsgelder, also fahren sie nach Florenz, Rom, Paestum, Venedig. Sie wohnen bei italienischen Familien. Hotels sind zu teuer. Mittags setzten sie sich irgendwo auf eine Bank und essen hartgekochte Eier. Sie bleiben so lange in Italien, bis sie wirklich definitiv kein Geld mehr haben.

Kit hat seine Schüchternheit verloren. Er kann jetzt in einer italienischen Stadt den Skizzenblock herausholen, ohne sich zu schämen. Es ist in Ordnung, dass ihm vielleicht jemand beim Zeichnen zuschaut. Als sie zurück in England sind, tauchen amerikanische Sammler auf, die sich für die Italienbilder interessieren.

Neben dem *Amateur Gardening Diary* führt sie noch ein weiteres Notizbuch. Wie Henry James benutzt sie es, um Namen für fiktive Personen zu sammeln. Sie notiert sich Nachnamen wie Millbourne, Cowley, Ferney, Misselbrook, Blessley und Frauenvornamen wie Solange, Felicity, Miriam, Sally, Nan. Sie schreibt sich Ideen auf, für einen Roman. Sie denkt über einen Amerikaner namens Bob nach, der nach England übersiedelt. »I shall have to *become* Bob« notiert sie. Aber wie kann sie Bob werden? Es ist schwierig. Bob, schreibt sie, »is only a fraction of myself + he is a man.« Und sagt sich dann doch: »I *can* be Bob, I know it.«

Sie skizziert Ideen für Kurzgeschichten. Wie diese: Eine Frau ist künstlerisch veranlagt, ihr Mann nicht, aber sie merkt, dass er ihr dennoch intellektuell überlegen ist. Und das deprimiert diese Frau. Ihre Agentin Elaine hat einen anderen Vorschlag: Wie wäre es mit einer Frau, die sich in einen Maler verliebt, aber dann seine Bilder sieht und sie nicht gut findet? Nicht plausibel, meint Ilse. Die Liebe würde die Meinung dieser Frau verändern.

Sie schreibt Künstlergeschichten, Ehekrisengeschichten, Geschichten aus dem englischen Mittelschichtsalltag. Nichts über Diskriminierung, Verfolgung, Flucht. Die für Anwalt Lehmann verfassten Kurzbiografien über Vater, Mutter, Schwester scheint sie tatsächlich für uninteressant, weil nicht einzigartig zu halten, und so befasst sie sich, wenn sie Zeit fürs Schreiben hat, nicht mit einer Frau in einer beschaulichen Kleinstadt, deren Haar urplötzlich weiße Strähnen bekommt, und auch nicht mit der zwölfjährigen Tochter dieser Frau, die auf diese weißen Strähnen blickt und sich ihre eigenen Gedanken dazu macht. Sondern mit Bob, dem Amerikaner in London. Bob soll mit Nan aufs Land fahren, aber dann fährt er mit einer anderen Frau? Eine Idee. Aber die Geschichte fühlt sich dennoch falsch an. Ins Notizbuch trägt sie ein: »I don't think I really *feel* Bob's dilemma.« Und schreibt doch über Bob.

Es wird eine Epoche kommen, in der Autofiktion ein schillernder Trend ist: Literatur als Lebensgeschichte, nur unmerklich verändert.[90] Kathrine Talbot arbeitet in einer anderen Zeit.

Ein Mann namens Victor Waddington eröffnet eine Galerie in London. Ilse und Kit fahren hin. Ilse wartet im Auto. Mit fünf Gemälden unter den Armen verschwindet Kit im Gebäude. Als er wieder herauskommt, trägt er nur noch zwei Bilder und hat ein Lächeln auf dem Gesicht. Sie fahren aus London heraus, kommen den Hügel hoch, stellen das Auto ab. Gleich holen die Nachbarn die telefonlosen Barkers herbei. Waddington am Apparat. Die drei Gemälde seien verkauft. Ob er noch ein paar mehr habe.

Ilse könnte eine neue Karriere beginnen: als Übersetzerin aus dem Deutschen. Sie hat diese Sprache hinter sich gelassen. Jetzt kommt sie zu ihr zurück. Vor ihr liegt das Buch *Noch leuchten die Bilder* – ein Werk des deutschen Kunstexperten Hans H. Pars. Von Meisterwerken der Kunstgeschichte erzählt es, von ihren »Schicksalen und Abenteuern«. Wie der Kopf des Heiligen Hieronymus aus einem Gemälde Leonardos herausgesägt wurde. Wie Napoleon ein Altarbild Tizians raubte. Wie der feuchte Kalk der Sixtinischen Kapelle Michelangelo so frustrierte, dass er den Auftrag fast zurückgegeben hätte.[91]

Es fällt Ilse schwer, wieder Deutsch zu lesen. Die Sätze sind so kompliziert. Und das Buch ist mehr als 400 Seiten lang. Sie hadert, wie Michelangelo. Sie kämpft sich durch. Hans H. Pars, *Pictures in Peril*. Es ist vollbracht.

Das Manuskript gibt sie nicht als Ilse Barker ab, sondern als Kathrine Talbot. Und auch bei »Hans H. Pars« handelt es sich um ein Pseudonym. Hinter dem fiktiven einzelnen Hans verstecken sich zwei reale Männer, die beide Hans heißen. Der eine, Hans Schwarz van Berk, war NSDAP-Mitglied seit 1930, Mitarbeiter des NS-Propagandaministers, Mitglied der Waffen-SS, der andere, Hans Diebow, Autor einer jubelnden Hitler-Biografie aus dem Jahre 1931 und zahlreicher antisemitischer Hetzschriften nach 1933 (*Der ewige Jude* ist die bekannteste von ihnen). Angesichts der neuen politischen Rahmenbedingungen haben sich Diebow und Schwarz van Berk neu erfunden. Für *Noch leuchten die Bilder* sind sie verschmolzen zu einem Connaisseur der Kunst.[92]

Am 4. August 1955 wird Ilse abrupt das *Amateur Gardening Diary* beenden. Es gibt keine Einträge danach, obwohl sie in der Woche davor noch recht viel notiert. Kit und sie sind ein bisschen sauer auf einen Freund namens Wally, weil der ihnen sagt, sie sollen ihm per Post seine Unterwäsche nachschicken, sich aber nicht für ihre Mühen bedankt. K. ist unzufrieden mit einem gewissen G. Der habe ihm im Pub keinen Drink ausgegeben. Möglicherweise handelt es sich bei G. um seinen Bruder George. Ansonsten scheint es ein schönes Leben zu sein. Sie fahren nach Hearne, um ein Cricketspiel zu sehen. Ilse liebt Cricket. An einem herrlich sonnigen Augusttag betreten sie um zwölf Uhr mittags den Pub, bleiben bis vier, gehen nach Hause, essen etwas, und legen sich dann auf die Wiese. B. und A. sind dabei. Sie sind »so nice«. Ein »lovely weekend«, resümiert sie. »Brenda drops in«: Das schreibt sie am Dienstag. Schön heiß ist es. Die letzte Eintragung: Sie sehen in Midhurst im Kino Hitchcocks *Rear Window*.

Ilse und Kit könnten sehr gute Eltern sein. Das schreibt ihnen Elizabeth Bishop aus Brasilien. Sie seien so ruhig, liebevoll und weise.

Lota und Bishop haben jetzt einen pistaziengrünen VW-Bus. Queen Elizabeth II., sagt Bishop, sie hat sie in der Kino-Wochenschau gesehen, bewege beim Winken ihre Hand so, als würde sie eine Glühbirne einschrauben. Sie sei neidisch auf die Partys, die Ilse und Kit veranstalten, und auf die englischen Pubs. Bishop fragt, ob Ilse den deutschen Dichter Andreas Gryphius kenne. Sie schreibt von der brasilianischen Fußball-Nationalmannschaft und ihren Stärken (Zauberer am Ball) und ihren Schwächen (kein gutes Teamwork) und von ihrem sehnlichen Wunsch, einmal ein wichtiges Länderspiel im Maracanã zu sehen. Sie schreibt, dass sie, Elizabeth Bishop, den Pulitzerpreis bekommen habe und drei Wochen lang belagert worden sei von Reportern, Radioleuten, Fernsehleuten, die alle sehr viel Matsch ins Haus gebracht hätten, und dass sie, Bishop, in derselben Wochenschau vorgekommen sei wie Grace Kelly. Dass die Kriminalität in Brasilien zunehme und sie sich daher gelegentlich Lotas Flinte ausleihe und Schießübungen mache.

Bishop schreibt, ihr sei der Gedanke nie gekommen, dass Ilse und Kit gern ein Kind kriegen würden, so wie von Ilse im letzten Brief erwähnt. Sie habe immer vermutet, die Barkers seien vielleicht zu arm oder wollten kein Baby, weil es dem »artistic life« im Weg stünde. Oder dass sie vielleicht unfruchtbar seien.

Falls Letzteres nicht zutreffe, empfiehlt sie ihnen schon einmal Literatur, von Arnold Gesell, dem Entwicklungspsychologen: *The Child from Birth to 5* und, noch weiter vorausschauend, *The Child from 5 to 10*.

Neun Monate dauert es. Das ist die Zeitspanne, die ein junger Amerikaner, Kathrine Talbot hat ihn Bob genannt, in ihrem neuen Roman in London verbringt, geschäftlich. Über einen Freund hat er eine Familie kennengelernt. Sie ist unkonventionell, seltsam, chaotisch: die Blessleys. Er ist oft bei ihnen zu Gast. In erster Linie liegt das an Nan, der verwirrend bezaubernden Tochter. Bob muss damit leben, dass sein kurzer amerikanischer Haarschnitt in London peinlich wirkt, als Versuch, seine Männlichkeit überzubetonen, und dass ein Mann in England niemals versuchen darf, eine Frau zu verstehen, weil das als unmännlich gilt. Bob würde es dennoch begrüßen, wenn er Nans Handeln zumindest ansatzweise nachvollziehen könnte.

Kathrine Talbot sieht den Roman als psychologische Studie erfundener Figuren. Was auch immer im realen Individuum Ilse Barker vor sich geht, spielt für dieses Projekt keine Rolle. Kathrine Talbot präsentiert Bob und Nan und Nans Bruder und Nans Mutter und diverse emotionale und kommunikative Probleme, die in ihren Beziehungen eine Rolle spielen. Dann analysiert sie die Verwicklungen noch einmal aus der Entfernung. Denn auf einer zweiten Erzählebene wohnt Bob wieder in New York und berichtet der Ich-Erzählerin, die zuvor weder mit Bob, Nan, noch mit irgendeinem anderen Blessley etwas zu tun hatte, über einen verblüffend langen Zeitraum hinweg von seinem emotionalen Auf und Ab in der britischen Hauptstadt.

Kathrine Talbot entfaltet, ganz wie Henry James in seiner Zeit, die Geschichte eines unschuldigen Amerikaners, der in der Alten Welt von dubiosen Gestalten verwirrt wird. Impulsiv gehandelt wird auch bei ihr kaum. Henry James sei ein Flusspferd, das versuche, irgendwie, was auch immer es koste, eine Erbse aufzuheben und dabei auch noch würdevoll zu erscheinen. Das hat der Autor H. G. Wells gesagt. Niemals könnte man so über Kathrine Talbot sprechen. Aber auch sie schreibt über Menschen, die viel Zeit haben, und für Lesende, die sich Zeit nehmen.[93]

Schließlich aber liegen jener Bob und eine Begleiterin auf einer Wiese fern von London und außerhalb des Blickfelds möglicher Beobachter. Das Mittagspicknick haben sie hinter sich gebracht. Danach hat sie ihn von unter ihren Wimpern hervor so bedeutungsvoll angeschaut. Dass die beiden in diesem Moment und diesem Gras nicht groß nachdenken, sondern unjamesianisch, also impulsiv handeln, und dass offensichtlich keiner der beiden über Empfängnisverhütung nachgedacht hat und es sich bei dieser Frau eben nicht um die eigentlich von Bob durchaus auch öffentlich angebetete komplizierte Nan handelt: Das treibt die Handlung voran.

Bishop schickt ein Paket. Es enthält unter anderem brasilianischen Kaffee, Guavenmarmelade und zwei Soßen: »fearfully HOT so watch out«. Immer wieder sendet Ilse ihre Erzählungen nach Brasilien. Bishop liest. Zwischen den Zeilen ihrer Briefe nach Sussex wird deutlich, dass sie von Kathrine Talbots Werken nicht immer begeistert ist. Bishop rät Ilse, schneller zum Punkt zu kommen. Wenn sie eine Geschichte beim *New Yorker* unterbringen wolle, dann müsse sie detaillierter schreiben, spezifischer.

Ilse hatte ihr irgendwann mitgeteilt, dass sie ihren neuen Roman *Sabine* nennen wolle. Bishop warnte daraufhin, dass das etwas zu hübsch klänge. Als der Roman dann *Return* heißt, keine seiner Protagonistinnen Sabine, und das Manuskript in Brasilien angekommen ist, lobt Bishop den Roman, aber nicht in den höchsten Tönen.

Einmal setzt die Pulitzerpreisträgerin zu einer Polemik an. Es geht um die Autorin Elizabeth Bowen. Bishop weiß, dass Ilse, ihre Brieffreundin, Bowen sehr mag. Aber das bremst sie nicht. Und wo sie schon dabei ist, zieht sie noch über ein halbes Dutzend anderer Schriftstellerinnen her, die alle, genau wie Bowen, das typische Literatinnen-Problem hätten: dass sie die Welt immer als zu hübsch darstellten, als zu »nice«. Immer diese Angeberei in den Frauenromanen, sagt Bishop, mit dem schön polierten Tafelsilber, den so besonders geschmackvollen Kleidern, den großartigen Ehemännern. Auch in Kathrine Talbots neustem Werk *Return* sind der Status hoch, der Lebensstil gediegen und die Protagonisten im Wohlstand schon immer zu Hause. Das kann man wohl zu »nice« nennen. Aber das hält Elizabeth Bishop nicht auf. Wenn aus Schriftstellerinnen irgendwie etwas werden sollte, dann müsse es, fordert sie aus Brasilien, mit dieser »How nice to be nice«-Atmosphäre ein Ende haben.

Und dann muss Ilse Barker Elizabeth Bishop vom Schicksal ihrer Familie in den nationalsozialistischen Lagern berichtet haben. Seit fünf Jahren kennt sie Details. Jetzt, im Herbst 1958, verrät sie sie ihrer Brieffreundin.

Bishop schreibt daraufhin ihr, nur ihr, nicht, wie sonst, »Ilse

Ilse Barker mit ihrer Katze Hepplewhite
(benannt nach George Hepplewhite, dem englischen
Möbeltischler des 18. Jahrhunderts).

und Kit«, nicht den »Barkers«. Sie schreibt, dass sie Ilses Brief auch Lota zu lesen gegeben habe. Die ganze Nacht hätten sie darüber gesprochen. Sie hätten versucht, zu verstehen, in was für einer Welt, in was für einem Zeitalter sie lebten. »I am very touched that you will tell me these things«, schreibt Bishop, »and of course I had wondered and thought all these years, and sensed something of the whole tragedy.« Jetzt erst werde ihr klar, was für ein Wunder es sei, dass Ilse es herausgeschafft habe, dass sie überlebt habe. Man könne nichts dazu sagen (»There is really nothing one can say, is there.«). Ilse hat ihr anscheinend vom Geisteszustand ihrer Mutter in Theresienstadt berichtet. Verrückt zu werden, schreibt Bishop, sei wohl tatsächlich die einzige Möglichkeit.

Bishop will etwas für sie tun, für Ilse, für Kit. Sie lädt sie nach Brasilien ein. Sie sollten ein Jahr bleiben, rät sie. Man könne hier Sonne abbekommen und schwimmen. Man könne insgesamt ein einfacheres Leben führen. Wenn man nur ein kleines bisschen Geld habe, könne man sich eine Hausangestellte leisten und sich dann ganz auf das Schreiben konzentrieren. Sie selbst sei in Brasilien, mit Lota, nach tiefem Kummer sehr glücklich geworden.

Um diesen Brief zu beenden, tippt Elizabeth Bishop, die kaum Deutsch kann, für Ilse Barker ein Gedicht in deutscher Sprache ab. Acht Zeilen sind es. Es handelt sich um eine mehr als dreihundert Jahre alte Elegie auf ein kleines Kind, ein Mädchen, das wenige Wochen nach seiner Geburt gestorben ist, in den Schrecken des Dreißigjährigen Krieges. Es ist Andreas Gryphius' »Grabschrift Marianae Gryphiae, seines Brudern Pauli Töchterlein«:

Geboren in der Flucht, umringt mit Schwert und Brand,
Schier in dem Rauch erstickt, der Mutter herbes Pfand,

Des Vatern höchste Furcht, die an das Licht gedrungen,
Als die ergrimmte Glut mein Vaterland verschlungen:
Ich habe diese Welt beschaut und bald gesegnet,
Weil mir auf Einen Tag all' Angst der Welt begegnet;
Wo ihr die Tage zählt, so bin ich jung verschwunden,
Sehr alt, wofern ihr schätzt, was ich für Angst empfunden.

Aber vielleicht, schreibt Bishop aus Brasilien, kenne Ilse dieses
Gedicht ja auswendig.

9

THOMAS

Niemals vom Kinderkriegen reden. Das war Gesetz in der Bohème von Cornwall, gleich nach dem Krieg. Keine der Frauen dort hätte auch nur den kleinsten Witz darüber gemacht. Sie waren alle abergläubisch. Wer von Babys sprach, wurde automatisch schwanger. Das stand fest. In New York verscherzte es Ilse sich einmal mit ihren gut katholischen Mitsekretärinnen, weil sie es wagte, beim Small Talk das Kinderkriegen kritisch zu sehen. Bloß nicht dieses Thema. Und in ihren Romanen haben Frauen prinzipiell keine Babys. Als das Prinzip in *Return* doch einmal durchbrochen wird, verschwindet die Hauptfigur schnellstmöglich nach Amerika.

Eine Freundin von Ilse Barker wird später erzählen, Ilse habe keine Kinder bekommen wollen, weil sie den Verlust ihrer Eltern nie verarbeitet habe. »She didn't want to lose anything of her own blood again.« So wird es diese Zeitzeugin beschreiben. Aus einem Brief an Bishop geht hervor, dass es medizinische Komplikationen gibt.

Nach Brasilien ziehen sie nicht um. *Return* erscheint 1959. Wie liebevoll dieser Roman erzähle. Wie elegant er Hintergrund und Charakterstudien kombiniere. Das sagt die Londoner *Times*.

Dass Bobs Verwirrung sehr berühre, heißt es im *Times Literary Supplement,* und dass das Ende unausweichlich erscheine und die beiden zeitlichen Ebenen, à la Joseph Conrad, vielleicht ein wenig kompliziert seien. *Books and Bookmen* sieht zwar eine gewisse »Künstlichkeit« bei Kathrine Talbot, aber letztlich »einen höchst packenden Roman« und »kein einziges überflüssiges Wort«. Die *Irish Times* sagt: Dies sei ein Werk, das wahrscheinlich Frauen mehr gefalle als Männern, aber (und hier braucht es für die *Irish Times* anscheinend ein »aber«): Da ein Sinn für Stil in heutiger Literatur so selten sei, solle man *Return* keinesfalls unterschätzen. Die *Belfast News* urteilt: »meisterhafte Technik«. Und der *Manchester Guardian*, bald nur noch der *Guardian*, zeigt sich begeistert, dass dieses Buch den britischen Leser dazu bringe, sich sehr »europäisch, komplex und ein bisschen gefährlich« zu fühlen. Von Kathrine Talbot wolle man mehr lesen. Sie sei ein »natural novelist«.

Auf Bexley Hill taucht ein Freund der Barkers auf. Er hat eine Wünschelrute in der Hand. Mit ihm zusammen steigen sie weiter den Hügel hoch. Die Rute reagiert. Sie graben ein bisschen. Sie finden eine Quelle. Nun können sie oberhalb des Hauses Wassertanks bauen. Das Wasser fließt in die Tanks und von den Tanks in das Haus, und danach fließt es in die Wasserleitungen, die zu ihrem Haus gelegt wurden. Sie bekommen ein Innen-WC und dann auch noch elektrischen Strom und bald darauf ein Telefon. Zudem erlässt die Regierung ein Gesetz, das die Mindestdeckenhöhe von Wohnungen festlegt, und also erhalten sie öffentliche Gelder, mit denen sie den Fußboden absenken können. Nun stehen sie aufrecht in ihrem Haus.

Die Frau, die im Alter von vierzig Jahren noch kein Kind bekommen hat und deshalb sicher niemals ein Kind bekommen wird,

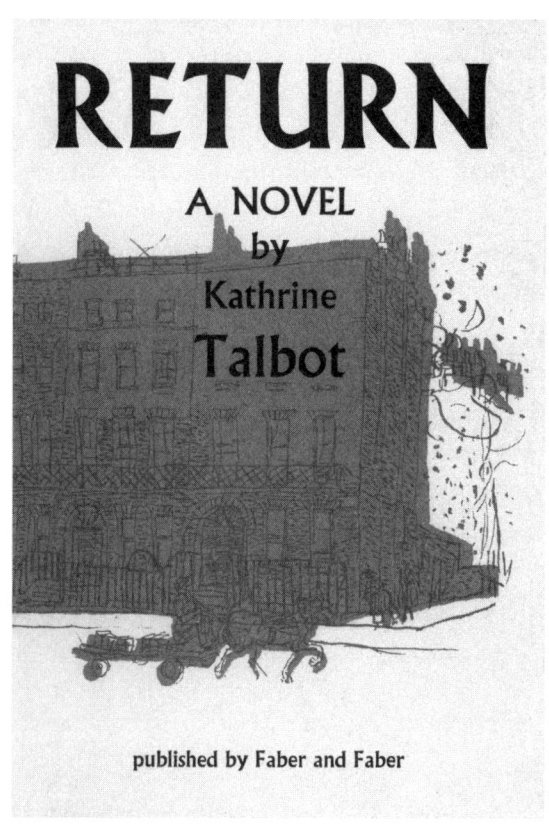

RETURN

A NOVEL
by
Kathrine
Talbot

published by Faber and Faber

Der dritte Roman Kathrine Talbots: *Return,*
erschienen 1959.

bekommt mit einundvierzig Jahren ein Kind: Tom. Thomas Crispin Barker. Sein Geburtsdatum, der 26.11.62, ist ein Palindrom, zu Ilse Barkers Freude. Auf Toms Geburtsurkunde steht bei »Beruf des Vaters«: »Artist – Painter«. Eine Spalte »Beruf der Mutter« gibt es auf diesem Formular nicht.

Tom ist ein fröhliches, ausgeglichenes Kind, ein Kind, das viel und ruhig schläft. Man kann es mit dem Kinderwagen den Hügel herunterfahren, zum Pub, kann das Kind oben in der Wohnung über dem Pub, bei Marjorie Bathgate, der Wirtin, ins Bett legen, kann dann mehrere Biere trinken gehen und, wenn der Pub zugemacht hat, das Kind wieder aus Marjories Bett holen und es im Kinderwagen den Hügel hinauffahren. Tom ist ein Junge, der mit Freunden durch den Wald neben dem Haus zieht, ein Junge, der gern singt, ein optimistischer Junge. Ilse wird ihm recht früh vom Schicksal seiner Großeltern und seiner Tante erzählen. Danach wird sie von diesen Dingen fast nur noch schweigen. Anders als sein Vater wird Tom Kunst an einer Hochschule studieren. Ilse wird Tom und seinen Freunden irgendwann die Lektion mitgeben, sie sollten nie einen richtigen Vollzeitjob übernehmen. So ein Job sei schlecht für die Kreativität. Tom wird sich daran halten.

Kit und sie leben ein unkonventionelles Leben, aber konventionell sind sie darin, dass Ilse für den Haushalt und für Tom zuständig ist, weil Kits Künstlerkarriere im Vordergrund steht. Jetzt ist sie gerade richtig angelaufen. Sie muss weiterbetrieben werden. Die Publikation von *Return* ändert nichts an der Rollenverteilung.

Neben den Container bauen sie ein richtiges Ateliergebäude. Morgens verlässt Kit das Haus, geht hinüber, liest dort die Zeitung oder einen Krimi, je nachdem, und irgendwann, der genaue Zeitpunkt ist nicht abzusehen, steht er auf und beginnt.

Das ist der magische Moment: Er setzt den ersten Pinselstrich auf den weißen Untergrund.

So verlaufen die Tage. Kit verbringt sie im Atelier. Tom und Ilse verbleiben im Häuschen. Sie hat keinen eigenen Raum. Nur einen Tisch mit einer Schreibmaschine darauf. Tom wird sich später daran erinnern, dass sie oft vor dem Häuschen in der Sonne gesessen und gelesen habe. Aber allzu viel Zeit kann sie dafür nicht gefunden haben. Sie ist nicht nur Toms Mutter, sondern auch die Sekretärin des Künstlers Kit Barker. Sie ist seine Beraterin und seine Motivationstrainerin. Sie ist die, die dafür sorgt, dass Kit irgendwann, von allein würde er nicht darauf kommen, den Krimi weglegt und anfängt zu malen.

1964 kommt Bishop sie besuchen. Sie haben sich seit vierzehn Jahren nicht gesehen. Bishop besichtigt die Quelle und das Rohr von der Quelle zu den Tanks und die Tanks und die anderen Rohre und das Häuschen. Sie schaut sich in der Küche um. Dann fährt sie weg, nach London, und kommt wieder zurück. Öffnet eine Tasche. Sie hat Utensilien gekauft, die Ilse zu fehlen schienen: etwa einen Gemüsedämpfer, etwa ein speziell zum Tomatenschneiden geeignetes Messer. Dann macht sie sich, mit dem Schiff, auf den Rückweg nach Brasilien.

Ilse kocht ungern. Es ist eine Pflicht, die sie erfüllt. Sie steht am Herd und macht Shepherd's Pie oder Hackbraten oder gefüllte Paprika. Sie führt ein Rezeptbuch. Auf Seite 15 notiert sie sich »Rabbit with Dumplings (Hasenpfeffer)«. Dieses deutsche Gericht stammt nicht aus der Tradition der Familie Groß, sondern, sie vermerkt die Quelle, aus Maria Lo Pintos *New York International Cookery Book*.

Beim Kochen stellt sie das Radio an. Sie hört die *Archers*. An jedem Werktag eine neue Folge. Jennifer ist nicht verheiratet und bekommt, wie ist das möglich, dennoch ein Kind. Wer der Vater ist, will Jennifer nicht verraten, aber fraglos ähnelt dieses Baby dem Kuhknecht auf der Brookfield-Farm. Die Serie soll möglicherweise abgesetzt werden. Nach zwanzig Jahren wäre es vielleicht auch an der Zeit. Aber dann läuft sie doch weiter, noch vier Jahrzehnte lang und mehr.[94] Die Barkers essen stets um zwanzig nach sieben, weil Ilse bis viertel nach sieben die *Archers* hört.

Kit und Ilses Häuschen füllt sich immer wieder mit Gästen. Es sind fröhliche Abendessen mit Künstlern, Schriftstellerinnen, Kunstkritikern, auch die Olsons kommen manchmal eingeflogen, und es versteht sich von selbst, dass Kit, der gar nicht mehr so schüchterne, sondern erfolgreich aus dem Schatten des großen George getretene Kit, den ganzen Abend lang auf seinem Platz sitzt und die Gäste mit seinen geistreichen Geschichten unterhält, mit seinem Wissen über das Mittelalter, mit den irischen Volksweisen, die er singt. Dass er dasitzt und einfach einmal den Kopf eines Kindes, das gerade vor ihm steht, in beide Hände nimmt und dem Kind die Wangen küsst, rechts und links, so ein wirklich liebevoller Mensch und faszinierender Künstler, und ebenso selbstverständlich ist es, dass sie, Ilse, sich vor, während und nach diesen menschlich und intellektuell so erfreulichen Zusammenkünften um das Einkaufen, das Essen, das Geschirr, das Aufräumen und Putzen kümmert.

Kits Haushaltstätigkeit besteht darin, in den Wald zu gehen und Pilze zu suchen. Wenn Saison ist. Es ist schwierig für Ilse, Zeit zum Schreiben zu finden. Und es gelingt ihr doch. Irgendwie stellt sie einen neuen Roman fertig und schickt ihn an Faber & Faber.

Agentin Elaine tut für Ilse, was sie kann. Sie hat aber auch ein Krimimanuskript unter ihrer Bürotür durchgeschoben bekommen. Von P. D. James. Die ersten vier Kapitel sind zu lang, das

Ilse und Tom, 1964.

sieht Elaine gleich, und niemand weiß, wer P. D. James ist. Aber Faber & Faber braucht einen neuen Krimiautor. Der alte ist überraschend gestorben. Dann findet man heraus, dass es sich bei jenem Mr. James um eine gewisse Mrs. White handelt, eine Frau um die vierzig, aus London, die für das North West Metropolitan Hospital Board arbeitet. Der Verlag ruft Mrs. White an und sie sagt, dass sie keine Probleme mit dem Kürzen habe und einige Ideen für weitere Romane. Ein gutes Dutzend Krimis später wird Bestsellerautorin Phyllis Dorothy White/P. D. James von der Queen zur Baroness ernannt.[95]

Kathrine Talbots *Return* wurde hervorragend besprochen, aber scheint sich nicht allzu gut zu verkaufen. Über das neue Manuskript von Kathrine Talbot muss Faber & Faber wohl auch deshalb erst einmal nachdenken. Man ist im Verlag zudem damit beschäftigt, die zahlreichen »fucking«s in einem Romanmanuskript des ehemaligen Grundschullehrers John McGahern in »f—«s umzuwandeln und die »f—«s auf Wunsch McGaherns wieder zurück in »fucking«s. *The Bell Jar* erscheint bei Faber & Faber, Sylvia Plaths Roman, drei Jahre nach ihrem Selbstmord, dem größten denkbaren literarischen Ereignis. Der Verlag erhält böse Briefe von konservativen Autoren, etwa aus der Feder des Lyrikers Philip Larkin, Verfasser einiger der schönsten Liebesgedichte englischer Sprache, der keinen »spy rubbish, science fiction rubbish, Negro-homosexual rubbish, or dope-taking nervous-breakdown rubbish« aus dem Hause Faber & Faber lesen will. Man schreibt Larkin einen nuancierten Antwortbrief.[96] Man schreibt Kathrine Talbot in Sussex, dass man ihren neuen Roman leider nicht veröffentlichen kann.

Es findet sich auch kein anderer Verlag. Vielleicht liegt es daran, dass Faber & Fabers Urteil in der literarischen Welt so viel zählt? Oder ist dieses neue Werk möglicherweise kein besonders guter Roman? Es wird nicht herauszufinden sein. Sie wird das

Manuskript nicht aufheben. Hatte sie zu wenig Zeit, ihn zu schreiben? Oder haben sich die Zeiten zu sehr geändert? Es ist unwahrscheinlich, dass sie wie Philip Larkin denkt. Nie würde sie solche Briefe verfassen. Aber ihr behutsamer Realismus wirkt nun wohl ein kleines bisschen konservativ.

Zu Toms sechstem Geburtstag, 1968, zehn andere Kinder sind eingeladen, backt Ilse eine Torte in Form einer Lokomotive. Sie ist sehr stolz auf diese Leistung. Pulitzerpreisträgerin Elizabeth Bishop schreibt aus San Francisco, dass es bei einem von ihr veranstalteten Abendessen Brownies mit Marihuana gab. Das erstaunt Ilse sehr. Sie habe gedacht, schreibt sie an Bishop, man könne diese Substanz nur rauchen. Sie verzeiht ihr, dass sie Toms Geburtsdatum vergessen hat. Und sie preist ihn. So ein fröhliches Kind sei er. Immer glücklich, immer zufrieden. Drittbester Sänger der gesamten Schule. Ganz der Vater.

Elaine, Erfolgsagentin von P. D. James, betreut Kathrine Talbot nun nicht immer selbst und Elaines Unteragentin Ilsa frustriert Kathrine Talbot. Ilse schickt Ilsa immer wieder neue Kurzgeschichten und Ilsa sagt Ilse jedes Mal, diese Erzählung könne sie sicher ganz leicht verkaufen. Dann wird doch nichts daraus. Ilse ist überzeugt, das schreibt sie Bishop, dass nur eine ihrer Geschichten einmal akzeptiert werden müsse, von irgendeiner Zeitschrift, damit es endlich aufwärtsgehe. Sie wisse, dass es gute Erzählungen seien, aber es fühle sich so lächerlich an, immer wieder neue Texte abzuschicken und immer wieder abgelehnt zu werden. Bishop rät, ganz vorsichtig, dass bei Ilses Geschichten manchmal der einleitende Teil zu lang sei und der dramatische Teil zu spät käme und ob sie das nicht einmal umdrehen wolle.

Ein Paar liegt am Strand und streitet sich. Es geht um seine Untreue. Ein übler Streit ist es, einer, der zum Ende der Beziehung führen könnte. Sie sind in Heyst, in Belgien. Und während sie streiten, beobachten sie etwas in der Brandung, etwas, das in den Wellen umherspringt, etwas ziemlich Großes, Gelbes. Sie haben das Gefühl, dass dieses Wesen nicht an einen Nordseestrand gehört. Was oder wer kann das sein? Ein Löwe? Es sieht so aus. Wirklich? Er kommt auf sie zu. Das spannt das Paar um einiges mehr an als die Beziehungskrise.

Sie findet ein Ende für diese Geschichte und schickt sie an Elaine und die schickt sie an den *Paris Review* und dann meldet sich tatsächlich George Plimpton, Star der amerikanischen Literaturszene, Freund der Kennedys, internationaler Salonlöwe. Natürlich schreibt der Herausgeber des *Paris Review* Ilse nicht direkt. Er telefoniert mit Roberta Pryor von der International Famous Agency in New York und Roberta meldet sich bei Elaine in London. Plimpton frage, sage Roberta, sagt Elaine, wer diese Kathrine Talbot sei: »what she's done, what she's doing now and what she will be doing«. Und ob diese Kathrine Talbot etwas gegen einige Kürzungen hätte. Ilse hat fünfundzwanzig Jahre lang Kurzgeschichten geschrieben. Dies ist die erste, die veröffentlicht werden soll. Sie fragt Elaine, ob das nicht schon so eine Art Rekord darstelle. Sie findet die Geschichte eigentlich schon kurz genug und macht sie dann noch kürzer.

»The Lion of Heyst« erscheint 1971. Die Frau, die als Kathrine Talbot schreibt, wird in diesem Jahr fünfzig und genießt nun als *Paris Review*-Autorin internationalen literarischen Ruhm. Aber auch aus diesem Erfolg ergibt sich nicht viel. *Mademoiselle* aus New York lehnt eine Geschichte ab, würde gern andere Erzählungen von ihr sehen, mehr passiert nicht. Von ihrer Agentur hört sie, dass die Literaturredakteurinnen von Frauenzeitschriften etwas seltsam seien. Manchmal scheine es, als wollten sie ihren Leserinnen einmal etwas anderes bieten als die üblichen Romanzen, und dann entschieden sie sich am Ende doch immer für die klischeereichsten Liebesgeschichten.

Sie arbeitet an einem neuen Roman. Was daraus wird, ist unklar. Ein New Yorker Verlag interessiert sich für sie. Die Kommunikation versandet. Sie wird zwei Gruselgeschichten veröffentlichen, eine für das *Midnight Ghost Book*, eine für das *After Midnight Ghost Book*. Eine der Geschichten spielt in Bingen am Rhein. Aber die schaurigen Ereignisse, die sie beschreibt, haben mit gespenstischem Antisemitismus nichts zu tun. In Kellern voller Weinfässer spielt die Erzählung, Zeitgeschichte kommt nicht vor. Kathrine Talbot ist immer noch fest davon überzeugt, dass Literatur sich nicht auf Fakten beziehen sollte, sondern auf das, was das Unterbewusstsein aus der Realität gemacht hat. Das wird dann, so sagt sie, zur Fiktion. Sonst ist es einfach nur Journalismus.

Da ist diese Illustratorin, in Berlin geboren, mit zwölf nach England gekommen, nicht allein und nicht mit dem Kindertransport, sondern mit der kompletten Familie: ihren Eltern, dem großen Bruder. Der Bruder, zuerst interniert auf der Isle of Man, wurde britischer Soldat und dann einer der höchsten britischen Richter. Die Illustratorin, sie wurde nie deportiert, lebt in London, hat zwei Kinder und will ihnen die Geschichte von der Flucht aus Deutschland erzählen. Vielleicht, denkt sie, könnte sie daraus auch ein Buch machen.

Die Tochter der Illustratorin hat die Windpocken. Die Illustratorin sitzt bei ihr auf der Bettkante. Sie nimmt einen Roman in die Hand, der neben dem Bett auf dem Boden liegt: *Little House on the Prairie*, Laura Ingalls Wilder, der zweite Band der Serie. Sie blättert, liest, liest sich fest. Sie lässt sich packen von dieser Familie, die im Planwagen aufbricht in den amerikanischen Westen des 19. Jahrhunderts, die sich in den kargen Weiten ein Holzhaus zimmert, sich vor den indigenen Bewohnern der Prärie fürchtet und irgendwie überlebt. *Unsere kleine Farm.* Das Besondere an dem Buch: dass nicht der so tatkräftige, mutige Vater von den Entbehrungen und Abenteuern erzählt, sondern»nur« eine der Töchter, aus ihrer begrenzten Sicht. Darin sieht die Illustratorin ein Modell. Sie als jüngstes Familienmitglied könnte den Aufstieg der Nationalsozialisten schildern, den deutschen Antisemitismus, die Emigration der Familie. Aus ihrer eigenen Perspektive erzählen: glaubwürdig, ohne falsches Drama, leicht distanziert.

Und so funktioniert es tatsächlich. In Großbritannien erscheint ihr Werk 1971. Die Kritiken sind recht positiv. Nur in Deutschland wird das Buch wohl nicht erscheinen. Dass auf dem Umschlag der englischen Originalausgabe ein Kaninchen eine Hakenkreuzfahne in der Pfote trägt, halten deutsche Verleger für geschmacklos.[97]

Waddington in London trennt sich von Kit. Es gibt keinen Bedarf mehr an dem, was er malt: dieser Mischung aus Abstraktion und Landschaft, dieser Tiefe in den Gemälden, dem Blick auf den Horizont. Man setzt nun auf Color Field Painting, auf ganz abstrakte Amerikaner. Einen letzten Termin hat Kit in der Galerie, fährt nach London, mit ihrem kleinen Auto, das er immer selbst repariert, an einem regnerischen Tag, und kommt zurück und hat den Wagen voll mit all den Bildern, die er bitte wieder mitnehmen sollte. Die Barkers sind es gewohnt, bescheiden zu leben. Nun brauchen sie wieder mehr Bescheidenheit.

Tom ist elf oder zwölf, als sie dennoch Urlaub in Frankreich machen. Vielleicht um Ostern herum. Er erinnert sich an Schnee im Elsass und an Colmar, an die besonderen Dächer der Stadt. Er erinnert sich, dass sie dann über die Grenze nach Deutschland gefahren sind. Richtung Bingen. Dass seine Mutter zum ersten Mal nach fast vierzig Jahren in ihre Heimatstadt zurückkehrte. Dass sie zwei Tage dort verbringen wollten. Den Rhein habe er mit Sicherheit gesehen, wird Tom später sagen. Bahngleise, Züge sind ihm auch noch präsent.

Vielleicht fand diese Reise im Jahr 1973 statt, vielleicht auch 1974, dem Jahr, in dem Judith Kerr nach Frankfurt reiste, um den Deutschen Jugendbuchpreis entgegenzunehmen, für *Als Hitler das rosa Kaninchen stahl.* In Deutschland wird das Buch der Illustratorin zu einem der meistgelesenen Werke über die Zeit des Nationalsozialismus werden. Kerrs Familie hatte es geschafft: gemeinsam nach England zu fliehen. Das war in Ilses Fall anders. Und ein Buch über die Familie Groß gibt es auch nicht.

An eine Szene in Bingen erinnert sich Tom genau. Dass sie kaum angekommen waren, Kit und Ilse und er, gerade aus dem Auto ausgestiegen und losgegangen, um den Ort zu erkunden, zu Fuß. Und dass sie dann schon wieder umdrehten, zum Wagen zurückliefen, ziemlich eilig. Einstiegen und abfuhren. Das abrupte Ende der Stadtbesichtigung, weil, so sagten es ihm die Eltern, seine Mutter hier in Bingen keinesfalls bleiben wolle.

Ihr Sohn liebt es, Polo zu spielen. Vielleicht liebt er es etwas zu sehr. Wenn er nicht Polo spielen kann, sitzt er zu Hause auf einem Holzpferd und trainiert, indem er mit dem Schläger Bälle in ein aufgespanntes Netz schlägt. Er lernt die wortgewandte Camilla nach einem Polospiel kennen, die dann allerdings nicht ihn, sondern einen anderen Mann heiratet, erst einmal. Nach einem Polospiel wird er auch die erste längere Unterhaltung mit der fast kindlich wirkenden, von ihm zu diesem Zeitpunkt noch sehr begeisterten Diana führen.

Besonders häufig galoppiert ihr Sohn, seinen Schläger fest in der Hand, sein Pferd zwischen den Schenkeln, über das Feld des Cowdray Park Polo Club in Midhurst, Sussex. Manchmal schaut sie bei einem Spiel zu. Sie ist schließlich seine Mutter. In Midhurst weiß man also, wie die Queen aussieht. Man kennt sie nicht nur aus dem Fernsehen.[98]

Ilse Barkers Sohn spielt Fußball, nicht Polo. Sie fährt in Midhurst beim Metzger vorbei, um für das Abendessen einzukaufen. Sie öffnet die Tür zum Laden. Die Verkäuferinnen schauen sie ungläubig an. Sie wirken unterwürfig. Sie sind sprachlos. Und dann wird ihnen wohl doch klar, dass die Mutter des polospielenden Prinzen nicht selbst zum Metzger geht.

Als Kathrine Talbot übersetzt Ilse einen Roman namens *Der Mädchenkrieg*. Im Prag des Zweiten Weltkriegs spielt das Buch, erwähnt die Vernichtung der tschechischen Juden mit keinem Wort und ist in Deutschland ein großer Erfolg. Sie übersetzt einen Krimi über einen Gangster, der die Tochter eines deutschen Panzerfabrikanten entführt. Sie übersetzt eine Nacherzählung von Wagners *Ring des Nibelungen* und einen Bildband Leni Riefenstahls über Afrika. Die ehemalige Propagandistin des Nationalsozialismus berichtet von den Massai, ihren Speeren und Schildern, ihren »geschmeidigen« Bewegungen und, wie bedauerlich, Leni Riefenstahl liebt die Massai doch so, davon, dass wegen der »Pest der Zivilisation« das »stolze Volk« in verrosteten Wellblechhütten lebe. Kathrine Talbot übersetzt.[99]

Manchmal weist wochenlang nichts darauf hin, dass sich die Kunstwelt an Kit erinnert. Es kommt kein Anruf, kein Brief. Kit wurde eine neue Brille verschrieben und er setzt sie auf und malt ein Gemälde von einem Wasserfall und hängt es an die Wand des Wohnzimmers, und Ilse findet das Bild wundervoll, wenn auch ein wenig zu groß an dieser Stelle. Aber vielleicht ist auch nur das Wohnzimmer zu klein.

Nach all diesen stillen Wochen kommt dann ein junges Paar auf den Hügel. Der Mann hat vor zwei Jahren schon einmal ein Bild von Kit gekauft. An diesem Sommernachmittag kauft er noch eines und die beiden Bilder, das neue und das alte, sollen, meint das Paar, in der neuen Wohnung in Paris hängen. Der junge Mann sagt, die Wände in ihrem französischen Salon seien komplett von dunkelblauem Samt überzogen. »DARK BLUE VELVET.« So schreibt Ilse es an Bishop. »Unbelievable.«

Und dann nimmt sie endlich den Stoff, den sie kennt, Stoff aus ihrem Leben, die deutsch-jüdischen Geschichten, die ihr vertraut sind, und schreibt eine Kurzgeschichte über die Binger Emigranten in New York: tatkräftige Leute, dem Holocaust entkommen. Sie hat anscheinend die Distanz überwunden zwischen Ilse Groß aus Bingen am Rhein und Kathrine Talbot, der britischen Schriftstellerin. Sie schickt die Geschichte an Agentin Elaine und wartet auf ihre Antwort.

Mit ihrer Freundin Esther kann Ilse lachen. Esther ist als sechzehnjähriges Mädchen Abend für Abend im Chez Eve in Paris aufgetreten. Nackt. Esthers Mutter, man darf sie eigenwillig nennen, hatte den Job für ihre Tochter organisiert. Esther trug nichts als ein Tamburin um die Hüften. Es sollte so aussehen, als sei sie aus Versehen in das Musikinstrument hineingetreten. In der Hand hielt sie einen Regenschirm. So tanzte sie zu »Lady Be Good«. Nachdem die anfängliche Scham vergangen war, genoss Esther die Auftritte irgendwie. Besonders gefiel ihr, sich nach Schichtende wieder anzukleiden und loszuziehen, in ein Restaurant, und Steak mit Pommes frites zu essen. Das Getränk dazu: Rum-Cola. Das perfekte Leben, fand Esther, bis eine andere Tänzerin sie bei der Polizei denunzierte und sie zurück zu

Elizabeth Bishop in Brasilien – »an Ilse und Kit mit viel Liebe geschickt«.

ihrer Mutter nach London musste. Anscheinend hatte sie sich unter der Altersgrenze für Nackttänzerinnen befunden.[100]

Auf den Bexley Hill kommt Esther mit John, ihrem Mann, einem Neffen von Kit und George. Dann gehen die Frauen spazieren und die Männer bleiben im Haus. Esther und John laden George gelegentlich zu sich nach Hause ein, das machen Kit und Ilse kaum noch, und dann betrinken sich John und George zusammen. Die Abende bleiben nicht immer harmonisch. Einmal lief George wütend und volltrunken in den Garten und kam mit einer Axt in der Hand wieder ins Haus. Esther versteckte sich hinter dem Sofa. Der geniale Lyriker legte irgendwann die Axt aus der Hand.

Wie Ilse ist Esther als Kind aus Deutschland geflohen, mit ihrer Mutter und ihrer Schwester zusammen. Ihr Vater ist in Köln geblieben und später in Auschwitz ermordet worden. Einmal schlägt Esther Ilse beim Spazierengehen vor, dass sie auch Deutsch reden könnten. Ihres sei so rostig geworden. Man könne doch üben. Das möchte Ilse bitte nicht.

Ilse hat erfahren, dass sich Elizabeth Bishop von Lota Macedo Soares getrennt und Brasilien verlassen hat. Später ist Lota, während eines Besuchs bei Bishop in New York, mit einer Überdosis Valium aus dem Leben geschieden. »No coffee can wake you no coffee can wake you no coffee«: Das sind Zeilen Bishops an die tote Lota.[101]

1979 hat Bishop wieder einmal bei den Barkers vorbeigeschaut, mit Alice, ihrer neuen Partnerin. Ilse hat die beiden noch zum Zubringerbus nach Heathrow gebracht und dem Bus hinterhergewinkt. Ein paar Monate später ist Bishop gestorben.

Ilse schneidet Tomaten mit dem Messer, das ihr Bishop geschenkt hat. Sie nennt es »Elizabeth's tomato knife«.

Dann hat Agentin Elaine die Kurzgeschichte über die aus Bingen geflohenen, nun in New York lebenden Juden endlich gelesen. Und sie schreibt, was sie davon hält. Einiges müsse gekürzt werden, sagt Elaine: die Passagen zur Endlösung und zu den Gaskammern etwa. So etwas, rät sie, müsse Ilse wirklich nicht erwähnen. Alle Leser wüssten doch Bescheid. Ilse kürzt das, was gekürzt werden soll, und schickt den Text noch einmal an Elaine. Aber danach gibt es keine weiteren Spuren der Geschichte. Im Nachlass der Kathrine Talbot finden sich viele Erzählungen. Diese hebt sie nicht auf.

10

DIE TÜR

In den Achtzigerjahren schreibt Kathrine Talbot ein Gedicht über eine Autowaschanlage. Über den Dschungel aus riesigen Bürsten. Über den Monsun auf dem Fahrzeugdach. Vierzig Jahre lang hat sie sich an den Ratschlag gehalten, besser keine Lyrik auf Englisch zu verfassen. Mit einer Brieffreundin namens Elizabeth Bishop konnte sie erst recht keine Gedichte produzieren. Aber jetzt hat Bishops Tod den Weg freigemacht. Kathrine Talbot schreibt tagebuchartige Lyrik, locker in der Form, über ihren Alltag, über Kunst und Literatur und, wenn nötig, über Waschstraßen. Wir sollten uns jetzt küssen, sagt das lyrische Ich zu seinem Partner im Bürstendschungel. Wir sollten uns stürmisch-leidenschaftlich küssen, bevor das Reinigungsprogramm vorbei ist.

Der dem Polosport verfallene Prinz fährt nach Liverpool. Auch ihn bringt man zu den Lagerhäusern am Hafen. Ihn jedoch bewirft niemand mit Steinen. Er steht hinter einem Rednerpult. Nach einigen wohlgewählten Worten macht er einen kleinen Schritt zur Seite und zieht an einer Kordel. So öffnet sich ein Vorhang. Es erscheint eine Tafel, die die Neueröffnung des »Albert Dock« am heutigen 24. Mai 1988 offiziell macht. Applaus.

In der Tate Liverpool, die in die Lagerhäuser eingezogen ist, schaut sich der Prinz dann zeitgenössische Kunst an. Drei Herren um ihn herum erklären sie ihm. Der Prinz hört zu und streichelt währenddessen mit seiner rechten Hand sein linkes Handgelenk.

Ihre Antipathie Liverpool gegenüber wird Ilse Barker nicht mehr los. Aber für die Internierung auf der Isle of Man zeigt sie jetzt, Jahrzehnte später, Verständnis. Eine Panikreaktion der britischen Regierung sei das gewesen, sagt sie, unvergleichbar mit dem, was auf dem Kontinent geschah. Nicht um bewusst geplante Gewalt habe es sich gehandelt, sondern um »muddle«: um Wirrwarr, Wurstelei.

Mitten in der Nacht wacht Kit auf, Anfang Juni 1988. Er hat Rückenschmerzen. Ihm ist schlecht. Er übergibt sich immer wieder. Am Morgen ist es nicht besser. Ilse ruft im lokalen Gesundheitszentrum an. Trevor Guthrie ist der diensthabende Arzt. Dr. Guthrie sagt, er arbeite heute leider nur halbtags. Sie könne sich ja am Nachmittag bei Dr. Davis melden. Kit bleibt im Bett. Irgendwann macht sie ihm Pfefferminztee. Er erbricht sich. Immerhin: Ein bisschen Tee behält er im Magen. Und dann steht Dr. Guthrie vor der Tür, obwohl es sein freier Nachmittag ist. Er habe doch einmal nach Kit schauen wollen. Er schaut. Dann fragt er, ob Ilse ihn vielleicht einmal zu seinem Auto begleiten würde.

Sie fängt an diesem Tag an, Tagebuch zu führen. Sie tippt es, vom 2. Juni an bis zum 17. Juli. Die Seiten hält sie mit einer Büroklammer zusammen.

Sie steht mit Dr. Guthrie vor Dr. Guthries Auto und sie reden und sie schaut dabei nicht Dr. Guthrie an, sondern auf einen Reifen seines Autos. Dr. Guthrie ist sich sicher, dass es sich um Leberkrebs handelt. Er sei wohl zurückgekehrt, nach Kits erster

Krebserkrankung drei Jahre zuvor, und habe sich vermutlich ausgebreitet. Dr. Guthrie empfiehlt ihr, mit Kit zu reden. Es könne schnell gehen. Vielleicht habe er noch sechs Monate. Dieser eine Autoreifen brennt sich in ihr Gehirn.

Sechs Tage später wird ein Test gemacht. Dr. Guthries Annahme bestätigt sich. Sie besprechen die Ergebnisse. Kit wirkt schockiert, aber sagt nicht viel. Sie trinken beide ein Glas Whisky. Über so etwas hat er noch nie viel geredet.

»Ein gutes Schwein bleibt nicht allein.« Binnenreim. Was macht man damit? Sie hat es übersetzt mit: »A pig that is kind won't be left behind.« Damit ist das Schwein aber nicht mehr ein gutes, sondern eher ein freundliches, nettes, liebes Schwein. Sollte es nicht ein »gutes Schwein« bleiben? Aber was ist ein »good pig«? Also: »kind«. »Won't be left behind« reimt sich darauf. Eine befriedigende Lösung. Zwei deutsche Kinderbücher übersetzt sie: Die Bilder stammen von Almut Gernhardt, die Gedichte von Robert Gernhardt.[102]

Sie macht Kit Essen, ihm wird schlecht, sie macht ihm anderes Essen, er muss husten, sie macht ihm Tee. Sie schreibt Freunden und Verwandten, dass es kaum Hoffnung gibt. Auch Schwager George schickt sie ein paar Zeilen. Sie erinnert Kit daran, zu trinken. Sie macht die Wäsche. Sie hilft ihm in die Badewanne und wieder heraus. Als Kit schläft, setzt sie sich an die Schreibmaschine und schreibt über den Tod seiner Mutter. Wie schnell das damals ging. Was für Vorbehalte sie gegenüber dieser »Big Mumma« hatte, weil sich die Frau ihre Füße in derselben Schüssel wusch, in der auch die Kartoffeln gereinigt und die Teller gespült wurden. Wie schrecklich sie, Ilse, damals das »Catholic thing« fand. Dass die Barkers tatsächlich, weil sie keinen Bilderrahmen hatten, ein Foto des Papstes in eine alte Käsepackung gesteckt hatten. Pius XII. hing an der Wand und guckte aus einem Käsekarton mit transparentem Deckel. »I suppose I was just hopelessly middle-class«, schreibt Ilse.

Sie begutachtet Bücher, als Scout für einen Verlag: einen Roman über Charlotte Corday, 1793 guillotiniert, und ein Sachbuch über die katholische Kirche und ihr Verhältnis zur Sexualität. »Whatever next«, schreibt sie. Sie liest, als Privatperson, eine Kurzgeschichte von A.S. Byatt, in der eine Frau nicht trauern kann, weil sie schon einmal extrem intensive Trauer durchlebt hat. »I fear this too«, tippt Ilse in das Tagebuch, »but cannot help myself.«

Sie übersetzt jetzt auch aus dem Französischen. Erst ist es ein Roman über sexuellen Missbrauch (die *New York Times* findet ihre Übersetzung nicht kunstvoll genug), dann eine Sammlung surrealistischer Kurzgeschichten (die *New York Times* findet ihre Übersetzung »elegant«).[103] Aus dem Deutschen hat sie gerade einen Roman von Lilli Palmer übertragen. Palmer ist zwei Jahre vor ihr emigriert, Hollywood-Schauspielerin geworden, dann Schriftstellerin. Der Verlag ist mit Ilses Arbeit sehr zufrieden. Jetzt möchten sie noch eine Idee von ihr, wie man das Buch im Englischen nennen könnte. Im Original heißt es: *Wenn der Nachtvogel schreit.* Ilse hat andere Sorgen.

Es geht Kit ein bisschen besser, dann wieder schlechter. »Up and down we go«, schreibt sie. Aber man sieht ihm an, dass jetzt alles anders ist. Sein Gesicht wirkt eingefallen. Es wird zu Ende gehen. »I can't live without him.« Das sagt sie öfter laut zu sich selbst. Er erbricht sich immer wieder. Er hat nicht enden wollenden Schluckauf. Als Thomas zu Besuch ist, er ist jetzt fünfundzwanzig, sagt sie ihm, dass sein Vater bald sterben wird. Sie kann es ihm nur deshalb sagen, weil er in diesem Moment den Rasenmä-

Ilse Barker 1990.

her repariert. Er hat das Gerät vor sich und schraubt daran herum und sie sagt ihm alles und Thomas, schreibt sie, »was perfect, of course, calm and supportive«. Jeder Tag kommt ihr jetzt sehr lang vor.

Karen Gershon schreibt in St. Austell, Cornwall, nur einen Spaziergang von Mevagissey entfernt. Sie hieß einmal Käthe Löwenthal. Das war in Bielefeld. Jetzt, in Cornwall, 1988, verfasst Gershon ein Vorwort zu ihrem Buch über den Kindertransport. In den Sechzigerjahren hat sie zweihundertdreiunddreißig Gerettete interviewt und daraus eine kollektive Biografie gemacht. Das Buch wird nun neu aufgelegt.

Karen Gershon selbst ist mit dem Kindertransport nach England gekommen. Sie ist Mutter und Großmutter, eine Frau Mitte sechzig, und sie schreibt, dass sie auch jetzt noch, ein halbes Jahrhundert nach den Ereignissen, keine rechte Beziehung zu Menschen entwickeln könne. Immer noch kämpfe sie gegen das Gefühl an, dass Individuen generell nicht wirklich wichtig seien. Ihre Eltern seien versklavt und getötet worden, »as if they did not matter«. Wenn das für ihre Eltern galt, muss es ja für alle anderen, sie, Karen Gershon eingeschlossen, auch gelten. Solche Ideen bestimmen ihr Denken.[104]

Ilse hat Kit die Haare geschnitten, von 1947 an. Zum ersten Mal damals in Mevagissey, als sie wirklich zu lang über seinen Kragen schauten. Sie fand seine Stimme so schön. Die Barkers haben viel, gelegentlich zu viel gesungen. Aber dieser spezifische Barker hatte eine wirklich gute Stimme. In New York ist der schüchterne Kit damals tatsächlich im Radio aufgetreten, um irische Volksweisen zu singen.

Kit hat gern Schafe gemalt. Nicht nur Fische. Als sie ein gutes Jahr nach seinem Tod das Haus auf Bexley Hill aufgibt, umzieht nach Midhurst, sieben Kilometer entfernt, hängt sie eines seiner Schaf-Gemälde in ihr neues Esszimmer. Ein Schaf steht im Vordergrund, ein Schaf liegt im Hintergrund. Erst denkt man, das Schaf vorn sei wichtiger für das Bild als das hintere. Aber dann denkt man noch einmal darüber nach. Kit. Albert Gordon Barker. Einige Jahre später schreibt sie ein Gedicht über die Trauer und die Wiederkehr des Glücks. Über Blumen, die wieder blühen, Kirschen, die wieder reifen. Wieder eine Apfelernte: die Äpfel im Regal. Fröhliche Tage. Und wie dann nachts, allein im Ehebett, der Schmerz ins Herz sticht. Um drei oder vier Uhr morgens. Tiefer als am ersten Tag.

Sekundärliteratur liegt zu Kathrine Talbots Werk nicht vor. Ihre Romane sind in Vergessenheit geraten. Aber 1988 ist ein Artikel in der renommierten amerikanischen Fachzeitschrift *Contemporary Literature* erschienen und es geht darin um sie: wenn auch um sie als Ilse Barker, nicht um sie als Kathrine Talbot.

Eine Literaturwissenschaftlerin namens Victoria Harrison hat die Briefe untersucht, die Bishop an Ilse und Kit geschrieben hat. Harrison erwähnt, dass Bishop durchaus andere, prominentere Brieffreunde hatte als die Barkers. Da war etwa Robert Lowell, der große Lyriker. Aber diesen konnte Bishop nicht mit Alltagsdetails belästigen und auch nicht mit ihren persönlichen Problemen, weil er immer wieder seine eigenen dramatischen Zusammenbrüche hatte und sie auf die Lowell-Zusammenbrüche reagieren musste, die anscheinend wichtiger waren als ihre Krisen. Ihre Briefe an die vielleicht noch größere Lyrikerin Marianne Moore waren von Respekt geprägt, von Bewunderung. Tabu war es jedoch, Moore aus ihrem – Bishops – Liebesleben zu berichten, und ebenso tabu, sich ihr gegenüber zu politischen Fragen zu äußern. Bishops Briefe an die Barkers dagegen, sagt Victoria Harrison, hätten keinen Regeln unterlegen. »They loved

her and she them, unconditionally and unproblematically.«
Diese Briefe seien expliziter gewesen, liebender, intimer als jegliche andere Korrespondenz.[105]

Ilse begegnet George noch einmal, kurz vor seinem Tod. Er sitzt im Rollstuhl. Sie beugt sich hinunter und umarmt ihn. Früher im Pub hat er sie manchmal vors Schienbein getreten, wenn sie etwas gesagt hatte, das ihm nicht gefiel. Zeitzeugen werden sich Jahre später sehr sicher sein, dass es nie eine intime Beziehung zwischen George Barker und Ilse Pittock-Buss gegeben habe.

1935 hat George seinem Bruder das Auge ausgestochen und danach ein Gedicht darüber geschrieben. Über den Akt, über seine Schuld. Dass seine Hand das Gesicht des Bruders, »the palace of his face«, zerstört habe. Dass das durch nichts aufgewogen werden könne, nicht durch Auszeichnungen, nicht durch Reichtum, nicht durch jegliche Form von Schönheit: »[t]he blue tulip, the forget-me-not, or the sky«.[106]

Ilse hat eine ihrer besten Kurzgeschichten »The Blue Tulip« genannt – die von dem Mexikoexperten, der nie nach Mexiko reist – und sie hat damals Zeilen aus Georges Gedicht ihrer Erzählung vorangestellt. Unterschieden hat sie immer zwischen George, dem Poeten, und George, dem Menschen. Wenn sie in seiner Lyrik etwas fand, was sie nicht losließ, dann setzte sie sich nicht dagegen zur Wehr.

Ilse Barker, nicht Kathrine Talbot, wird 1992 zu einem »Elizabeth Bishop Symposium« eingeladen. Sie reist nach Poughkeepsie, New York, ans gediegene Vassar College. Fachleute halten Vorträge zu Bishops Satzbau, zu Bishop und Walcott, Bishop und Wordsworth, Bishop und Auden und zu religiösen, ethnographischen, feministischen und ökonomischen Aspekten in Bishops

Gedichten. Ilse trägt im Panel »Questions of Biography« vor. Sie nutzt die Möglichkeit, die Biografie als Gattung und die Geschichtsschreibung als ihre Obergattung grundsätzlich in Frage zu stellen. Warum sie so kritisch ist, teilt sie den Bishop-Forscherinnen und Bishop-Forschern in ihrer Eigenschaft als 71-jährige ehemalige Bingerin mit. Sie habe erlebt, wie die Osterferien verlängert worden seien, im Jahre 1933, damit die Geschichtsbücher umgeschrieben werden konnten. Man hätte nur ein bisschen Zeit gebraucht damals, um die historischen Tatsachen der nationalsozialistischen Ideologie anzupassen. Und als die Schule wieder losgegangen sei, habe die deutsche Geschichte ganz anders ausgesehen als vorher.

Sie hört klassische Musik im Radio. BBC, Radio 3. Sie hört »Gardener's Question Time« auf Radio 4. Es geht dort etwa um das Thema, ob man gefallenes Laub vom Rasen harken sollte oder nicht. Sehr gute Frage, findet sie.

Wenn jemand sie besuchen kommt, stellt sie, eine höfliche Geste, das Radio aus. Die Kekse zum Tee bleiben nie in der Packung. Sie arrangiert sie stets auf einem Teller. Sie holt ihre Putzfrau Peggy ab, einmal die Woche. Geputzt wird dann kaum, eher geplaudert, weil Peggy das braucht. Peggys Sohn hat eine Haustierpension in Kanada. Peggys Tochter ist mit achtzehn an einer Überdosis Heroin gestorben.

Niemand sitzt so gerade wie Ilse. Ihr Rücken berührt die Stuhllehne nicht. »Measured«: So wird sie beschrieben. Manche benutzen das englische Wort für königlich – »regal« –, um sie zu beschreiben. Wie die Queen? Wie eine schlankere, attraktivere Version der Queen. Das sagt ihre Schwiegertochter Sue.

Ilse träumt von der Königin und macht aus dem Traum ein Gedicht. Die Corgis bellen zu ihren Füßen. Prinz Philip telefoniert. Und das lyrische Ich geht im Palast verloren, einer Mi-

Ein Klassenzimmer in Bingen am Rhein.
In der vorletzten Reihe, ganz links: Ilse Groß.

schung aus Grand Hotel und Labyrinth. Sehr tief sind die Teppiche da, wo die Queen zu Hause ist.

Sue geht mit Ilse spazieren und erzählt ihr von diesem Buch, das sie gerade liest, Primo Levis Auschwitz-Bericht *Ist das ein Mensch?* Sue will darüber reden. Ilse wechselt das Thema.[107] Wenn sie Deutsch spricht, hat Ilse einen englischen Akzent. Wenn sie Französisch spricht, klingt sie, als käme sie aus Genf. Englisch spricht sie in der neutralen »Received Pronunciation«. Manche sagen, sie würde das »Queen's English« benutzen. Das ist nicht korrekt. Linguisten konstatieren, dass die Queen nach Jahrzehnten im Buckingham Palace die einzige Person in Großbritannien ist, die das »Queen's English« spricht.[108] Ilse redet so, dass man ihr nicht anhören kann, aus welchem Teil Englands sie kommt. Als hätte sie eine Pflaume im Mund.

Um Hildegard von Bingen, sagt sie, sei früher nicht so ein Aufheben gemacht worden wie jetzt. Regelmäßig kauft sie »Binger St. Rochuskapelle«. Es gibt bessere Weine aus Bingen, das ist sicher. Aber diesen gibt es in ihrem Supermarkt. Der Jahrgang 1921, ihr Geburtsjahr: Das war, sagt Ilse Barker, der beste Jahrgang für Binger Weine überhaupt. Spektakulär.

Kurz vor der Jahrtausendwende sind Autobiografien und Biografien populärer als je zuvor. Alle Leben werden nun erzählt. Leben von Schriftstellerinnen und Schriftstellern, Künstlerinnen und Künstlern, mal aus freudianischer, mal aus feministischer Perspektive. Leben von Fußballspielern und Radrennfahrern und unglücklich verheirateten britischen Prinzessinnen. Beziehungsgeschichten von Vätern und Söhnen, Müttern und Töchtern. Lebensläufe eingewanderter, geflüchteter Menschen und die Leben der Kinder solcher Menschen. Leben mit Aids. Leben mit einer Depression. Leben in dysfunktionalen Familien. Leben mit einer Sucht oder Leben mit einem mit Sucht Lebenden. Das Leben

eines Mannes, der als Kind die Todeslager der Deutschen überlebt hat und der nun, als ein in der Schweiz lebender Jude, die
autobiografischen Bruchstücke dieser traumatischen Zeit zusam-
menträgt (es stellt sich heraus, dass er die Fragmente komplett
erfunden hat und nicht Jude ist, nie war – und es ist nicht die
einzige Autobiografie dieser Zeit, die den Tatsachen nicht ent-
spricht).

Wissenschaftlerinnen entwerfen Unterkategorien, um in der
Menge von Lebensgeschichten den Überblick zu behalten. Als
»Gastrografie« bezeichnet man ein autobiografisches Werk, in
dem das Kochen eine zentrale Rolle spielt. Die »Ökobiografie«
spielt sich im Grünen ab. Die »nobody memoir« erzählt das Leben eines Menschen, den vor der Publikation seiner Lebensgeschichte niemand kennt, danach aber möglicherweise schon.
Die »misery memoir« wird sich in Großbritannien durchsetzen:
In diesem populären autobiografischen Genre wird von traumatischen Kindheitserlebnissen erzählt.[109]

Zu dieser Zeit bröckelt Kathrine Talbots Abneigung gegen autobiografisches Schreiben. Dafür gibt es Hinweise. Aber wenn sie
jetzt an einem Buch über ihr Leben arbeiten sollte, bekommt
niemand etwas davon mit. Diese Dinge behält sie für sich.

Ihre Gedichte teilt sie dagegen mit anderen. Und vielleicht
hat die Lyrik sie dahin geführt, die eigene Geschichte erzählen zu
können. Es scheint, als würde sie, ähnlich wie Elizabeth Bishop,
Gedichte als nichtfiktionale Kunstform verstehen.[110] Eins ihrer
Gedichte beschreibt die wohlerzogenen Lyriker von heute, vor
Lesungen sachte hüstelnd, und die wilden Dichter von damals,
die so arm waren und so wütend und ständig schimpften, auf
alles und alle, ob im Pub oder im Bett. Eines handelt möglicherweise von der jungen Frau, mit der sie auf der Isle of Man die
Matratze teilte: von der »transitory love« zu dieser Mitinternier-

ten, ihren Augen, ihrem Haar, bernsteinfarben, den warmen Tagen, die sie zusammen auf den Felsen verbrachten. Dann ist da etwas, in Prosa, das klingt, als würde Ilse Barker/Kathrine Talbot tatsächlich ihre Memoiren verfassen. Sie schreibt über Fischer in Leopardenbadehosen. Darüber, wie die Bauern von Cornwall im Herbst den Farn auf den Mooren anzündeten, um dann mit der Asche die Felder düngen zu können. Wie ein Bauernsohn mit der Fackel herumsprang, hier Brände setzte und dort, bis die Flammen den Himmel erleuchteten. Und dass Kit immer wieder diese Szene gemalt habe. Was sie, die Autorin Kathrine Talbot, aus diesen Bränden machte, in *Fire in the Sun*: Das erwähnt sie nicht.

Eine Galerie in St. Ives bringt ihren Essay 1993 heraus, unter dem Titel *Kit Barker Cornwall 1947-1948*. Zweihundert Exemplare erscheinen insgesamt. Noch Jahre später werden sie Leute wegen dieser Broschüre kontaktieren. Seltsam, wird sie sagen: Nichts, was sie je geschrieben habe, sei so erfolgreich wie dieses Büchlein über Kit.

Die Wissenschaftlerin Marianne Hirsch führt das Konzept der »postmemory« in die Kulturwissenschaften ein. Es bezieht sich auf eine Form von Erinnerungen, die eine Person nicht selbst gemacht hat, sondern die ausschließlich vermittelt ist, durch Erzählungen, Bilder, andere Dokumente. Der Begriff benennt, wie die Kinder der Überlebenden sich an den Holocaust erinnern. Aber sicherlich können auch die Kinder und Geschwister von Nicht-Überlebenden von »postmemory« erfüllt sein. Das Konzept impliziert nicht, dass die Erinnerung nachlässt und das Trauma irgendwann überwunden ist. »Postmemory« kann obsessiv sein und bedrückend, wie die persönliche Erinnerung, aber sie ist indirekt, fragmentarisch, löchrig.[III]

Im Jahr 2001 wird Ilse Barker achtzig Jahre alt. Dreimal im Jahr schreibt ihr eine Dame aus Bingen – einmal zu Pessach, einmal zu Rosh Hashanah, einmal zum Geburtstag. Die Dame gehört dem »Arbeitskreis Jüdisches Bingen« an. Sie verschickt Informationsschreiben an emigrierte Juden und ihre Nachkommen. »Liebe Frau Goetz«, beginnen die Briefe, mit denen sich Ilse Barker für diese Post bedankt. Nach dem deutschsprachigen Gruß fährt sie auf Englisch fort.

Ilse Barker kann das *Tagebuch der Anne Frank* nicht lesen. Sie blättert hinein, liest ein paar Seiten, aber mehr geht nicht, dann legt sie es weg.

Wenn Allegra und Louis ihre Großmutter besuchen kommen, vielleicht dreimal im Jahr, sie wohnen weit entfernt, in Wales, dann öffnet sie die Tür und sagt fröhlich »hello«. Louis ist da noch ein Schulkind, aber später, als junger Mann Mitte zwanzig, wird er dieses »hello« noch genau im Ohr haben. Für ihn ist Oma Ilses Akzent der englischste Akzent, der überhaupt denkbar ist. Das »o« in »hello« ist kein schlichtes »o«, sondern ein Umlaut: auf die »l« folgt ein gehauchter e-artiger Laut, ein »ə« also – und erst jenes »ə« mündet ins »o«.

Reden ihre Enkelkinder Slang, korrigiert Ilse sie freundlich. Sie mag es auch nicht, wenn jemand, und das geschieht jetzt häufig, den Gebrauch von »less«, für weniger von etwas nicht Zählbarem, verwechselt mit »fewer«, für weniger einzelne Dinge. Als einmal Verwandtschaft aus Israel zu Besuch kommt, sind die britischen Familienangehörigen sehr erstaunt, Ilse deutsch sprechen zu hören.

Sie erzählt nie von sich selbst, von ihrer Vergangenheit. Sie hat immer Canada Dry Ginger Ale für die Enkel vorrätig. Sie ist eine Frau, die grundsätzlich kein Essen wegwirft. Alles, was übrigbleibt, legt sie in den Kühlschrank, eingewickelt, verpackt, mit Aufklebern darauf, genau bezeichnend, um was es sich handelt. Sie kleidet sich elegant, in farbenfrohen Kleidern. Läuft nicht in Beige herum wie andere Pensionäre. Immer, wenn ihre Enkel zu Besuch sind, nimmt sie die beiden mit in den Schreibwarenladen von Midhurst. Für den kleinen Louis ist offensichtlich: »This is where she gets her stuff.«

Ihr Leben seit Kits Tod beschreibt Ilse Barker in ihren Briefen an Tom. Sie nennt ihn Thomas. Von den späten Achtzigerjahren an bis ins Jahr 2006 schreibt sie ihrem Sohn alle paar Wochen. Zuerst benutzt sie eine Schreibmaschine. Dann einen Computer, der mit einem nicht besonders guten Drucker verbunden ist. Dann kauft sie sich einen besseren Drucker.

Wenn Esther vorbeikommt, ist es ein lustiger Tag. Ilse schreibt: »How much I miss laughing.« Aber sie führt kein einsames Leben. Ihre Briefe sind voll mit Berichten über Mittag- und Abendessensverabredungen, Kinobesuche, Besuche bei Nachbarn und von Nachbarn, Fahrten nach London mit Freundinnen. Mit Bronnie und Amy wandert sie durch die Tate. Wie schön, die Matisses dort anzusehen. Es sind Leihgaben aus dem Museum of Modern Art in New York, aus dem großen Matisse-Saal, schreibt sie, in dem sie damals so gern gesessen habe. Vielleicht hat sie doch nicht immer nur im Foyer auf Kit gewartet.

Sie hört Wynton Marsalis. Tritt hinaus in den Garten, will in der Sonne ihre frisch gewaschenen Haare trocknen, nimmt auf dem letzten heilen Gartenstuhl Platz, eine Tasse Tee in der Hand. Der Stuhl kollabiert. Sie schildert Tom die Katastrophe. Nicht so leicht sei es gewesen, aus dem Möbelüberrest herauszukommen.

Und dann die eigentliche Tragödie: Sie hat in den letzten Jahren einen neuen Roman geschrieben und ist fertig geworden und zufrieden damit, hat ihn an Elaine geschickt und dann sehr lange nichts von ihr gehört. Ihre Agentin hat sich anscheinend nicht getraut, zu sagen, was sie wirklich denkt. Dann haben sie doch ein Gespräch geführt und Elaine hat ihr geraten, von nun an beim Übersetzen zu bleiben. Das würde doch gut laufen. »Pretty hard« trifft Ilse das. »Demoralising« sei der Effekt. Sie schreibt weiter, aber sie berichtet Tom kaum etwas davon. Einmal schickt sie ihm eine Geschichte, weil er darum gebeten hat. Einmal ein Gedicht. Sie erzählt von den Briefen, die sie vom Oberbürgermeister Bingens erhält. »He likes to keep in touch«, kommentiert sie. Sie regt sich auf über die schrecklich vielen Fehler in einer gerade erschienenen 573-seitigen George-Barker-Biografie, liest sie aber dennoch zu Ende. Biografien, schreibt sie, seien doch generell nutzlos. Man denke etwa an Larkin. Wie sehr sie Larkins Gedichte liebe und wie egal Larkin, der Mensch, ihr sei. Sie unterrichtet Kurse für Menschen mit Lese- und Schreibschwächen und berichtet Tom von Schülerinnen, die sie begeistern. Sie belegt einen »Italienisch für Anfänger«-Kurs.

Sie besucht schreckliche Beerdigungen. Wie seltsam es sei, wenn dort alle weinten, nur sie nicht. Einfach, weil sie nicht weinen kann. Sie hält es nicht aus, wenn jemand mit der Schaufel Erde auf den Sarg wirft. Auf der Rückfahrt von einer weiteren Beerdigung verpasst sie knapp den Zug und steht dann auf dem Bahnsteig mit einer Horde von Liverpool-Fans, ausgerechnet Liverpool, die sich schließlich aber als ganz feine Menschen entpuppen.

Sie schreibt, dass sie das Wort »prestigious« hasse. Bei Dr. Guthrie war sie, wegen der Arthritis in ihren Handgelenken, und sie kauft nur noch geschnittenes Brot, wegen der Schmerzen. In London war sie an einem wirklich sehr heißen Tag und hat ihre Freundin Ruth getroffen, die beim Fernsehen arbeitet, und mit Ruth zusammen hat sie »these Enzensbergers« kennengelernt, wohl Angehörige einer deutschen Intellektuellenfamilie. Im Vergleich mit ihnen habe sie sich so anders gefühlt als mit den Menschen, mit denen sie sonst zusammen sei. Das sei eine sehr seltsame Erfahrung gewesen mit den Enzensbergers. Besonders gut hat sich die Begegnung anscheinend nicht angefühlt. Aber vielleicht löse sich dadurch ihre Blockade, schreibt Ilse an Tom, und lasse sie endlich einmal etwas über deutsch-jüdisches Leben schreiben.

Vor einem Nachkriegsneubau in der Gaustraße 11, Bingen am Rhein, stehen im Jahr 2007 Ilse Barkers Sohn und ihre beiden Enkelkinder. Vor dem Haus sind Stolpersteine verlegt: für Bertha, Agnes und Karl Gross. So, und nicht mit »ß«, erscheint der Familienname dort. Eine ältere Dame kommt aus dem Haus gegenüber und spricht Tom an. Sie versichert sich, ob er ein Nachkomme der Familie sei. Dann drückt sie ihm ein Stück Papier in die Hand. Es sei damals auf der Straße herumgeflogen, nachdem Bomben das Haus zerstört hätten. Sie habe den Zettel an sich genommen und all die Jahre aufbewahrt.

Im Jahr 1900 gehörte jeder zwölfte Binger einer der beiden jüdischen Gemeinden an. Am 21. September 1905 wurde in der Rochusstraße die neue reformierte Synagoge eröffnet. Fahnen schmückten fast jedes Haus in der Umgebung.[112] Dreiunddreißig Jahre später war die gleiche Straße von »Menschenmassen verstopft«: von Bingern, die »laut jubelten, als die Synagoge in Flammen stand«. So berichten es Zeitzeugen. 700 Juden hatten um 1900 in Bingen gelebt, zu Beginn des Zweiten Weltkriegs waren es noch 222, drei Jahre später noch 152. Sie alle wurden 1942 in Lager deportiert. Nur zwei jüdische Binger, die nicht geflüchtet waren, überlebten den Holocaust.[113]

Jetzt schaut sich Tom die glänzenden Stolpersteine des Jahres 2007 an. Es wundert ihn, dass sich diese Mahnmale auf dem Boden befinden, wo Menschen mit ihren Füßen auf sie treten können. Er meint, Schilder in Augenhöhe würden sich vielleicht besser eignen. An seinen Onkel George Barker etwa erinnert eine runde blaue Tafel in der Forest Road in Loughton, seinem Geburtsort. An der Hauswand, nicht auf dem Boden.

Toms Tochter Allegra ist dreizehn Jahre alt, sein Sohn Louis zehn, und die Kinder laufen durch Bingen und wundern sich, dass es nicht nur die Gedenksteine vor diesem einen Haus gibt, sondern noch viel mehr Gedenksteine vor allen möglichen Häusern. Sie erfahren, dass die Familie ihrer Großmutter über einen eigenen Chauffeur verfügte: den Fahrer der Firma W. Gross Söhne. Die Grandma, die sie kannten, hatte einen roten Renault Clio und fuhr ihn selbst.

Tom blickt auf das Stück Papier in seiner Hand. Bevor das Jahr 1935 kam, hatte man dieses Etikett auf Weinflaschen geklebt. Es zeigt eine alte Stadtansicht von Bingen: die Nahe, wie sie in den Rhein fließt, die Kirchtürme, Burg Klopp, den Kloppberg. Darüber schwingen sich die Worte »W. Gross Söhne Bingen a. Rhein«, und zwischen »W. Gross Söhne« und »Bingen a. Rhein« und über dem Hinweis »GEGRÜNDET 1835« erkennt man auf rotem Hintergrund das Wappen dieses jüdischen Unternehmens. Darauf teilt der heilige Martin, hoch zu Ross, für einen Bettler seinen Mantel.

Jahre später wird Allegra Kurse für kreatives Schreiben an der Uni belegen und in diesen Lehrveranstaltungen Gedichte über ihre Großmutter verfassen. Noch einmal eine Weile danach wird ein Kathrine-Talbot-Biograf Allegra darum bitten, diese Texte lesen zu dürfen. Sie wird ihm die Erlaubnis prinzipiell gewähren, ihm die Gedichte dann aber doch nicht schicken. Sie wird für eine Galerie in London arbeiten und sich für einen Kaffee in der Mittagspause Zeit nehmen, in Soho. Allegra wird sich ebenfalls an die gerade Körperhaltung ihrer Großmutter erinnern und an ihr sorgfältig frisiertes Haar, ihr minimales Make-up. Wenn die Enkelin übernachtete, dann ging es bei dieser Oma nicht, morgens in ihr Bett zu krabbeln. Das durfte man nur bei der anderen Oma. Die andere Oma nannten sie »nanny«; diese Oma hieß förmlich »grandma«. Mit der »nanny« konnte man Ringkämpfe auf der Wiese machen. Oma Ilse bürstete Allegra das Haar: Das war der intimste Kontakt.

Eine kühle Frau? Sie war kühl, wenn eine Frau kühl war, die einmal im Monat einen Brief an die Enkelin schrieb, auf ihrer Schreibmaschine, einen Brief, der stets mit den Worten »Darling Allegra« begann. Und die ebenso regelmäßig Postkarten an das andere Enkelkind verschickte, an »Darling Louis«. In einem Zoom-Gespräch einige Jahre später wird sich der erwachsene Louis daran erinnern, wie seine Grandma ihn auf einer Karte gefragt habe, ob er die Kühe von Mr. Jones noch füttere. Das habe er tatsächlich eine Zeitlang gemacht. Es waren Postkarten mit Tiermotiven, die Louis von Oma Ilse bekam: Schafe, Zebras, Giraffen. Regelmäßig schrieb sie auch Frances, der anderen Großmutter der beiden Kinder. Einmal schrieb sie ihr: »I so wish I had your warmness, Frances.«

Um die Jahrtausendwende erforscht eine Wissenschaftlerin namens Alison Oldham die Künstlerszene im Cornwall der Nachkriegszeit. Wenn sie Interviews mit Zeitzeugen führt, fragt Alison auch nach den Geschlechterverhältnissen. Wie das für die Frauen gewesen sei: zu kellnern oder als Zimmermädchen zu arbeiten, während ihre Männer die Tage frei hatten, um sich ganz der Kunst zu widmen. Obwohl sie selbst doch Künstlerinnen, Autorinnen waren und diese Zeit genauso gut hätten gebrauchen können.

Eine ebenfalls dichtende Frau eines Dichters fühlt sich von Alisons Frage beleidigt. Alison würde sie kleinmachen, sie verurteilen, mit den Standards von heute. Ilse Barker, ebenfalls interviewt, bleibt gelassen. Alison merkt, dass es für Ilse selbstverständlich war, hinter Kit zurückzutreten. Dass sie auch jetzt nicht damit hadert.[114] Ilse lässt Alison wissen, dass sie ihr Leben als glücklich einschätze und als reich beschenkt und dass dieser geistreiche, warmherzige Mann, Kit Barker, eines der größten Geschenke dieses Lebens war.

Als Kathrine Talbot fährt Ilse im Dezember 2002 zusammen mit Alison nach Cornwall, auf Vortrags- und Lesereise. Sie treten in Penzance an der Südküste auf, viel Publikum drängt sich in den Raum, zu viele Leute sogar, einige müssen stehen, Alison trägt aus ihren Forschungen vor, Ilse liest aus *Kit Barker Cornwall 1947-1948*. Sie fahren nach Mevagissey, nur um es anzuschauen. Friedlich ist es im Winter, das Meer wunderschön. Dann fahren sie an die Nordküste, nach St. Ives, der zweite Auftritt, hier kommen nicht so viele Leute, dann nach Gurnard's Head, wo im Pub eines von Kits Werken seit mehr als fünfzig Jahren an der Wand hängt. Die Kellnerin sagt, wie viel ihr dieses Bild bedeute. Möglicherweise besichtigen Ilse und Alison auch das Häuschen bei Zennor, das mit der Regentonne, auf das man fast immer mit nassen Füßen zulief. Ilse steht vor einem Gatter dort und fragt sich, ob hier jemand wirklich aus Teilen eines alten lauten Betts ein Zauntor gebastelt hat. Aber vielleicht ist das auch nur eine Szene für eine neue Kurzgeschichte Kathrine Talbots. Nie hört sie auf zu schreiben.[115]

Tom und seine zweite Frau Ros wohnen in Clun, einem Dorf kurz vor der Grenze zu Wales. Ilse ist nun 85 Jahre alt. Die drei haben es zusammen so geplant, dass Ilse zu Tom und Ros nach Shropshire zieht, in einen Nachbarort, so dass sie nah bei den beiden ist und doch ihr eigenes Leben lebt. Am Montag, dem 22. Mai, soll sie umziehen. Alles ist organisiert. Am Sonntag, dem 21. Mai, ist sie noch einmal mit ihrer Freundin Bronnie verabredet, zu einem letzten Lunch in Sussex. Aber Ilse taucht nicht auf.

An diesem 21. Mai sitzen Tom und Ros und Allegra und Louis im Auto. Einen Ausflug an den Strand wollen sie machen, nach Aberystwyth. Das ist ein Weg von eineinhalb Stunden. Sie sind noch nicht weit gekommen, als Bronnie anruft, auf Toms Handy. Bronnie? Sie halten an. Louis, neun Jahre alt, sitzt hinten im Auto und hat seinen Vater vorher noch nie weinen sehen. Aber das ist nicht das Ende der Geschichte.

Am Anfang der Trauerfeier spielt eine CD ein Lied von John Dowland, aus dem Jahr 1563. Um das Weinen geht es, um die Trauer und um die Tatsache, dass der Schlaf Versöhnung bringt: Ruhe, aus der Frieden entsteht.

Dann liest die Schauspielerin Chloe Salaman. Sie hat Churchills Tochter Sarah in der Serie *Churchill* gespielt und Prinzessin Elspeth in dem Film *Dragonslayer*. Chloes Eltern wohnen am Fuße von Bexley Hill. Salaman rezitiert Elizabeth Bishops »One Art«. Das Gedicht handelt von der Kunst, das Verlieren zu lernen. Erst geht es nur um verlorene Schlüssel, dann um die Uhr der Mutter, dann um Flüsse, Städte, einen ganzen Kontinent. All das hat das Ich verloren. Und eine geliebte Person. Ebenfalls verloren: die Stimme dieser Person, wenn sie einen Witz machte. Und eine geliebte Geste. Dass das Verlieren kein »disaster« sei, betont »One Art« immer wieder. Man merkt aber, dass da jemand nur etwas vor sich hin sagt und sich selbst betrügt. Natürlich ist das Verlieren ein »disaster«. Schließlich fordert sich das Ich dazu auf, das Leiden daran nicht zu verdrängen, sondern von dem Schmerz, so steht es kursiv in der letzten Zeile, *zu schreiben*.

Am Ende der Trauerfeier wird Bach gespielt, von einer CD, die »Englische Suite Nr. 2« in a-moll. Aus dem Werk von

Kathrine Talbot liest niemand etwas. So haben es Tom und Ros geplant. Er habe sich nicht vorstellen können, sagt Tom später, dass seine Mutter das gewollt habe. Es habe sich so, wie es war, richtig angefühlt.

Etwa zehn Jahre später, so lange wird es dauern, wird Tom diesen unfassbar wirklich scheinenden Traum träumen. Seine Mutter sitzt auf einem Stuhl, in der Mitte eines Zimmers, und er nähert sich ihr, legt ihr die Hand auf die Schulter und fragt sie, wie es ihr geht. Sie sagt: »I'm fine.«

Und dies ist kein Traum: Immer, wenn er einen britischen Geldschein in der Hand hält, meint er, das Gesicht seiner Mutter zu sehen. Aber es ist das der Queen.

Der Empfang nach der Trauerfeier findet im Angel Hotel in Midhurst statt. Menschen umarmen Tom, Ilses Sohn, der eigentlich, wie seine Mutter, nicht der umarmende Typ ist. Sehr laute, emotionale Menschen treffen hier aufeinander. Besonders laut: dieser eine irische Dichter – oder ist er doch Schotte? – und zahlreiche Gäste von der George-Seite der Barkers.

Es werden Ansprachen auf Ilse gehalten. Für eine der Reden erhebt sich Julian Kent. Er wohnt in Shropshire, nur ein paar Hügel von Tom entfernt. Bis vor kurzem noch hat Tom nichts von Julians Existenz gewusst. Aber als sie Ilses Umzug planten, hatte seine Mutter gesagt, dass sie ja dann lustigerweise in der Nähe von Julian wohnen würde. Julian? Nun, das sei doch der Sohn von Howard Kent, dem früheren Geoffrey Pittock-Buss, ihrem ersten Mann. Von dieser Ehe seiner Mutter hatte Tom zuvor noch nie etwas gehört.[116]

Im Angel Hotel wird es dann lauter. Die Gäste haben die Wahl zwischen Rotwein, Weißwein und etwas, das möglicherweise Prosecco ist. Ilse habe jede Herausforderung gemeistert, sagt John, Ros' Vater, in seiner Ansprache. Ein langes, glückliches Leben habe sie »here in Britain« gehabt. Sie habe Respekt und Liebe verdient. »To live in hearts we leave behind is not to die.« Mit diesen Worten endet John.[117] Jetzt gibt es auch spontane Gruppenumarmungen, die Tom wirklich überfordern. Also trinkt er ein Glas und vielleicht in der Folge noch ein paar Gläser, so dass dieser Nachmittag, bei dem er die Verantwortung tragende Hauptperson sein sollte, irgendwann nicht mehr ganz klar im Blick ist. Progles Barker, ein Sohn von George, ist der betrunkenste Gast. Das kann man festhalten. Und dann ist der Empfang zu Ilses Ehren vorbei und es ist so viel Käse über, sie sollen den Käse mitnehmen, sagen die Leute vom Angel Hotel, und Ros fährt das Auto den weiten Weg nach Clun, was auf den ersten paar Hundert Kilometern die Route von Ilses Deportationszug gewesen sein muss, Richtung Norden, und sie fahren dann, es ist schon spät, durch Shropshire und es war an diesem Tag alles ein bisschen viel.

Polizisten hatten die Haustür aufgebrochen und Ilse Barker in ihrer Badewanne gefunden. Die Umstände wurden ermittelt, wie immer in solchen Fällen. Der Totenschein dokumentiert den Tod durch Ertrinken am 20. Mai des Jahres 2006. Vielleicht war da zuvor ein Schlaganfall, ein Herzinfarkt oder eine Ohnmacht.

In die Schweiz hatte sie immer noch einmal gewollt. Die Berge im Frühling erleben. Die Wiesenblumen anschauen.

Die Schriftstellerin Anne Stevenson liest den Nachruf auf Ilse im *Guardian*. Sie schreibt Tom einen Brief. Wie unsentimental seine Mutter gewesen sei. Wie selbstmitleidlos. Wie man mit ihr habe lachen können über die Schrecklichkeit der Welt. Einer der realsten Menschen überhaupt. Das sei sie gewesen.

Als Tom das Haus seiner Mutter ausräumt, findet er Manuskripte. Gedichte, Kurzgeschichten und zwei autobiografische Werke, jeweils etwa zweihundert Seiten lang. »Prätentiös« und »leicht pompös« und »peinlich«: So hatte Kathrine Talbot einmal die Idee bewertet, über sich selbst zu schreiben. Irgendwann muss sie ihre Meinung geändert haben. Allerdings: Das eine Manuskript über ihr Leben handelt zu großen Teilen von ihrer Mutter. Das andere schildert ausführlich die künstlerische Laufbahn Kit Barkers. Man merkt diesen Werken an, dass ihre Autorin Selbsterkundung nicht mit allzu großer Begeisterung betreibt.

Aber dann liegen Sandsäcke auf den Straßen. Die Lebensmittel sind rationiert. Und ein deutsch-jüdisches Mädchen hat es geschafft, nach England zu fliehen. Die Eltern des Mädchens sind in Deutschland zurückgeblieben. In London schweben militärische Ballons in der Luft, zur Abwehr feindlicher Flugzeuge.

Ein weiterer Manuskriptstapel in Toms Händen führt in diese Welt. Es sind die Seiten von Kathrine Talbots letztem, nie publizierten Roman: *Please Open the Door.* Er spielt nicht unter wohlhabenden Geschäftsleuten, erfolgreichen Schriftstellerinnen oder charismatischen Bohemiens. Er hält auch nicht, wie sonst in ihrem Œuvre, sorgsam die Distanz ein zwischen Fiktion und Realität. Das geflüchtete Mädchen arbeitet als Haushaltshilfe, im Winter 1939/40. Kathrine Talbot macht Literatur aus ihrem eigenen Leben.

Anna, jene Deutsche, bedient ein englisches Ehepaar. Er, renommierter Arzt, wirkt in einer psychiatrischen Klinik. Seine Gattin findet im Einfamilienhaus nebenan die neue ausländische Bedienstete komplett unerträglich. Queen Victoria persönlich hat vor langer Zeit das monumentale Spital eröffnet. Der Doktor hat eine geheime Affäre mit einer Ergotherapeutin. Ganz lange wird das nicht geheim bleiben.

Man darf in diesem Haushalt keine Meinungen äußern. Meinungen zu haben ist nicht englisch. Eigentlich darf man ohnehin kaum etwas aussprechen. Die Worte »neun Monate« zu sagen gilt etwa als vulgär, selbst wenn man etwas ganz anderes meint als eine Schwangerschaft, sondern nur etwas, das zufällig länger als acht und kürzer als zehn Monate gedauert hat. Man darf auch nicht über den Krieg reden, selbst wenn sich alle Gedanken nur darum drehen.

In Kathrine Talbots ersten drei Romanen wirken die Figuren meist elegant und geistreich. Anna ist anders. Sie weiß nach einem Jahr in England immer noch nicht, dass »marmalade« nur Orangenmarmelade bezeichnet und »jam« alle andere Sorten Marmelade. Dabei ist diese Unterscheidung doch so wichtig. Sie kann, weil ihr das Geld fehlt, auch nicht das mit ihrer Frisur anstellen, was englischen Frauen möglich ist. Sie erzählt viel zu viel von Deutschland, distanziert sich aber von anderen deutsch-jüdischen Flüchtlingen. Peinlich sind diese ihr. Sie hält es kaum aus, sie ist ebenfalls prüde, wenn jemand die Grafschaft »Middlesex« erwähnt. Aber auch sie liest, wie einst Ilse Gross, heimlich Marie Stopes' Sachbuch *Married Love* und findet heraus, dass körperliche Intimität nicht wehtun muss.

Anna hat immer Hunger. Ihr ist ständig kalt. Sie hat Frostbeulen. Man ahnt, dass etwas Schreckliches passieren wird. Und man muss auch nicht lange darauf warten.

In der Küche zerkleinert Anna Orangen für die selbstgemachte Orangenmarmelade: »marmalade«, nicht »jam«, natürlich. Sehr fein muss sie die Früchte schneiden, weil der Doktor, sagt die Gattin des Doktors, wirklich keine übergroßen Orangenschalenstücke in seiner Marmelade mag (und er mag es eigentlich auch nicht, wenn es im Haus nach Essen riecht, aber er macht eine Ausnahme, wenn es sich um Orangenmarmelade handelt, diesen Duft findet er doch angenehm). Annas Frostbeulen schmerzen von der Säure der Apfelsinen und es gibt Streit um die für die Marmeladenzubereitung exakt richtige oder aber absolut inakzeptable Zerkleinerungstechnik und ein Messer fällt zu Boden und eine Tür wird geöffnet und eine Messerstecherei folgt und ein tumultuöses Ehedrama und dann lässt das ungeschickte Dienstmädchen die Katastrophen dieses Haushalts hinter sich und nimmt den Zug zurück in das den deutschen Bomben ausgelieferte London. Im Abteil sitzt Anna eingequetscht zwischen englischen Soldaten. Sie schaut aus dem Zugfenster auf einen Fluss und hat keine Ahnung, was aus ihr werden wird. Sieht Schwäne auf dem Wasser. »A natural novelist.«

11

DIE REISESCHREIBMASCHINE

Ilse Gross, vierzehn, ab jetzt nie mehr mit »ß«, zog im November 1935 in ein jüdisches Mädcheninternat am Genfer See. In Pully lag das Pensionat, gleich neben Lausanne: die Villa Sévigné. Drei Jahre lang lebte Ilse in der Schweiz – erst in Pully, dann auf einem Hügel über Coppet, schließlich in Genf – und sechzig Jahre später beschrieb sie diese Zeit in einem autobiografischen Text. Ihre damalige Rilke- und Hofmannsthal-Phase erwähnt der Bericht, die Reiseschreibmaschine, die ihr die Eltern kurz vor der Abfahrt geschenkt hatten, und wie wichtig es ihr gewesen war, auf dem Internat weder Antisemiten noch männlichen Schülern zu begegnen. Weshalb nichts gegen die Villa Sévigné sprach. Jedenfalls zuerst nicht.

Täglich setzte sich Ilse im Internat an die Schreibmaschine, tippte einen Brief an die Eltern. Ebenfalls täglich bekam sie Antwortschreiben aus Bingen, verfasst von ihrer Mutter. Diese kommentierte Ilses Nachrichten und Beobachtungen. Rechtschreibfehler der Tochter im jeweils letzten Brief listete die Mutter ebenfalls auf. Der Vater fügte stets nur wenige Zeilen hinzu. Die Mutter erinnerte Ilse daran, sich die Haare zu waschen, sich die Zähne zu putzen. Mit Buntstiften fertigte Agnes Groß Zeichnungen

von Bingen an. Von der Brücke über die Nahe. Von Burg Klopp.
Sie legte die Bilder ihren Briefen bei.

Die beiden Mademoiselles Bloch, Blanche und Mathilde, leiteten die Lehranstalt. Mathilde Bloch war gerade erst mit der Goldenen Palme Frankreichs für ihre Verdienste um die Vermittlung französischer Literatur und Kultur ausgezeichnet worden.[118] Ihre neue Schülerin Ilse Gross, ihr Französisch noch nicht besonders gut, hatte in der Villa Sévigné grausames, lähmendes, düsteres Heimweh und schrieb fröhliche Briefe nach Bingen. Sie konnte nicht anders als weinen. Das Heimweh ließ nicht nach. Aber sie wusste, wie die Eltern litten. Dass ihr Vater gerade den 1835 gegründeten Familienbetrieb schloss. Dass es zum Binger Alltag gehörte, Juden auf der Straße zu demütigen. Also ließ sich, schrieb sie den Eltern, alles ganz hervorragend an. Sie spannte täglich ein Blatt ein, drehte an der Walze, bewegte den Hebel, der die Walze ganz nach rechts rutschen ließ, und verfasste Fiktionen vom herrlichen Leben im Pensionat.

Jungen, Kleider und Patisserie: Darüber, über nichts sonst, redeten die anderen Mädchen. Und Ilse durfte nicht allein spazieren gehen. Dabei waren es nur Schritte zum Genfer See. Der Ausblick aufs Wasser, auf Sonne, Wolken, auf Evian am anderen Ufer, dreizehn Kilometer entfernt: Die Weite hätte guttun können. In Bingen war sie immer viel gelaufen, die Weinberge hoch und wieder herunter. Aber Frischluftschnappen war in Pully nur in Gruppenformation erlaubt.

Im Winter zog das Pensionat zum Sporttreiben um, nach Champéry, ins Wallis. Über ihr ragten nun die Dents du Midi auf, die Dents Blanches, Gipfel von mehr als dreitausend Metern. Das Skifahren: ein Alptraum. Sie war so extrem ungeschickt. Wenn man in der Hütte die Toilette benutzte, konnten alle anderen jedes Geräusch hören. Und es zeigte sich, dass die anderen Mädchen, die Schweizerinnen, Französinnen, Engländerinnen, mit so einer deutschen Mitschülerin nicht viel zu tun haben wollten. In Deutschland wurden Juden verfolgt, und die, die nicht deutsch waren, vermuteten wohl, dass die deutschen Juden selbst an ihrem Schicksal schuld sein mussten. Aber Ilses Eltern hatten gravierendere Sorgen. Also schrieb Ilse Fröhliches.

Dieses Mädchen habe »einen Hang zur Melancholie«. Das sagte eine ihrer Lehrerinnen in Pully über Ilse. Die Ereignisse in Deutschland übten anscheinend »starken Einfluss auf ihre Gedanken« aus.

Monatelang schickte Ilse gut gelaunte Briefe nach Bingen, bis sie endlich den Mut hatte, zu schreiben, dass sie das Leben in der Villa Sévigné nicht mehr ertrage. Und dann gab es einen Weg aus dem Pensionat heraus. Sie zog um, im Juni 1936, jetzt fünfzehn Jahre alt, von Pully aus eine Stunde Richtung Südwesten, ans schmale Ende des Sees. Nun besuchte die zukünftige Schriftstellerin Ilse Gross eine Hauswirtschaftsschule in Chataigneriaz bei Coppet.

»Die Schülerinnen sind von liebevoller Sorgfalt umgeben.« Das sagte der Instituts-Werbeprospekt. »Doch behält sich Frau Dr. Rittmeyer das Recht des Tadels vor.« Ilse hätte von Frau Dr. Rittmeyer das Kochen, Backen und Einmachen lernen können, die Geflügelzucht, den Gartenbau, das Waschen, Bügeln und Nähen. Im September zog sie weiter nach Genf.

Es handelte sich um denselben See und um ein anderes Universum. Sie war nun Schülerin an der ersten internationalen Schule der Welt, gegründet zwölf Jahre zuvor als kosmopolitisches Bildungsexperiment für neue, sicher stets friedliche Zeiten. Alles war hier einfacher, freier. Sie konnte lesen, schreiben, für sich sein. Allein spazieren gehen. Musik erklang immer irgendwo. Chopin. Im *Hamlet* der Schultheatergruppe spielte sie Guildenstern. Die Titelrolle übernahm der betreuende Lehrer selbst. Im

Juni 1937 führten sie *Agamemnon* auf. Es ist unklar, ob sie in der Gruppe »Griechisches Volk« oder »Griechische Frauen« mitwirkte.

An das gefürchtete Zusammensein mit jungen Männern konnte sie sich anscheinend doch gewöhnen. Einen Heiratsantrag lehnte sie allerdings ab. Sie fotografierte Herrn Dean und Herrn Stump in Genf, jugendlich wirkende Sportlehrer. Dean und Stump spielten Basketball. Ilse zückte die Kamera. Es hatte anscheinend eine ziemliche Sprachverwirrung bei ihr eingesetzt und ein deutliches Interesse an Herrn Deans Aktivitäten. »Dean spealt Basqued« schrieb sie unter ein Bild, das sie in ein Fotoalbum geklebt hatte. »Dean macht ein gaul« notierte sie unter ein anderes. Sie fotografierte ihre Mitschülerinnen und – etwas häufiger – ihre Mitschüler: mal mit Krawatte und Sakko, mal in knapper Sportbekleidung, beim In-der-Sonne-Liegen, mit Büchern unter dem Arm, mit Pokalen in der Hand und mit einem Rasierer an der Wange. Einer ihrer jüdischen Schulkameraden betrat später als erster alliierter Offizier das befreite Konzentrationslager Buchenwald und organisierte dann die westdeutsche Währungsreform. Den Vater der D-Mark, Edward Tenenbaum: Vielleicht hat sie auch ihn fotografiert.[119]

Zu Ostern 1938 sollten ihre Eltern sie in Genf besuchen kommen. Aber sie hatten Schwierigkeiten, Reisegenehmigungen zu erhalten. Im Schultheater spielte Ilse in diesem Frühjahr einen Musiklehrer in Alfred de Mussets *On ne badine pas avec l'amour*. Sie trug einen Frack und übergroße Herrenschuhe. Jemand hatte ihr einen schwarzen Schnurrbart unter die Nase geschminkt. Vor einer Aufführung wurde sie ans Telefon gerufen. Ihre Mutter war in Genf angekommen. Da de Musset dem Musikpädagogen keine tragende Rolle gegeben hatte, konnte sie schon in der Pause gehen, zum Hotel herüberlaufen, durch den langen Flur eilen, in ihren klobigen Schuhen, der Mutter gegenübertreten, die die schweren Schritte näher kommen gehört hatte und ängstlich auf dieses Schnurrbartgesicht schaute. Umarmung. Küsse. Gelächter. Und ein Teil der Musiklehrerbehaarung auf dem Gesicht der Mutter.

Nach einigen Mutter-Tochter-Tagen, nach Kakao mit Schlagsahne im Park La Perle du Lac und nach dem Besuch des Films *A Hundred Men and a Girl*, eines absoluten Meisterwerks, traf auch der Vater ein. Er hatte eine Reisegenehmigung für drei Wochen. Dann begannen die Osterferien. Drei der vier Mitglieder der Familie Groß verbrachten sie in einem Hotel in Lugano. Wieder und wieder fuhren sie auf Ausflugsdampfern über den See.

Einmal kam Ilse im Aufzug unten in der Hotellobby an und sah ihren Vater dort sitzen, in einem der bequemen Sessel, die Zeitung lesend, eine Zigarre rauchend. Seine Haare schienen entweder noch blond und schon grau zu sein, sein Schnurrbart definitiv noch blond. Er sah in diesem Moment zufrieden aus, vielleicht auch zufrieden mit seiner siebzehnjährigen Tochter, die ein langes Tanzkleid trug, mit einer roten Nelke am Dekolleté.

Sie wollte nichts anderes als tanzen gehen. Das ermöglichten ihr die Eltern Abend für Abend. Sie hatte eine Schwester, die nicht tanzen gehen konnte und die die Eltern wohl niemals allein in Deutschland lassen würden. Bei einem der Hotelbälle gewann Ilse einen Preis für einen mit einem englischen Medizinstudenten überzeugend auf das Parkett gebrachten Walzer: eine Spielzeuggiraffe. Dann waren die Osterferien des Jahres 1938 beendet. Ihre Mutter begleitete sie noch nach Genf. Der Vater stieg schon in Lausanne um. Über Bern und Basel fuhr er zurück nach Bingen. Sie umarmten und küssten sich zum Abschied. Er blieb auf dem Bahnsteig stehen. Die Mütze nahm er ab und die Zigarre aus dem Mund, lächelte, hob die Mütze hoch und winkte.

1938: Ilse und Agnes Groß in der Schweiz.

Mehr als ein halbes Jahrhundert später schrieb Kathrine Talbot diese Szenen auf. So lange hatte sie es nicht geschafft, von diesen Erinnerungen zu erzählen. Dann gelang es ihr.

Als Durchbruch könnte man dies aus unserer Warte betrachten, in einer Zeit, in der autobiografisches Schreiben noch viel populärer ist als in Kathrine Talbots Epoche und in der die Nähe von Text und Leben mehr denn je als Verkaufsargument auf dem Buchmarkt genutzt wird.[120] Aber die Wendung kam zu spät, um ihrem Œuvre mehr Bedeutung zu verleihen. Ihre Lebenserinnerungen wurden nie publiziert – und auch nicht der Roman *Please Open the Door*, der ihre realen Erfahrungen am prägnantesten in Fiktion umsetzte.

Die veröffentlichten Werke der Kathrine Talbot, vor diesem ›Durchbruch‹, *Fire in the Sun, The Innermost Cage, Return*, wurden von ihren Zeitgenossen als etwas handlungsarm und realitätsfremd angesehen, als stilistisch brillant, aber nicht substantiell genug. Die deutschsprachige Literaturkritik hätte vielleicht von mangelnder »Welthaltigkeit« gesprochen.[121]

Die Tragik meint man klar zu erkennen. Diese nicht genug Drama liefernde Autorin, so unsere etwas plumpe Beobachtung heute, hätte auf einen immensen Vorrat dramatischer Geschichten zurückgreifen können. Die Verfolgung der Binger Juden hätte sie schildern können: ihre Heimatstadt als einen Mikrokosmos von Vertrautheit und Gewalt, vor der surreal idyllischen Kulisse der Weinberge.[122] Sie hätte von Eltern erzählen können, die nur dann ihr Leben hätten retten können, wenn sie ihre behinderte Tochter aufgegeben hätten. Oder davon, wie ihr eigenes Leben von Antisemitismus, Flucht, Deportation bestimmt war. Aber sie griff zu spät auf das Material zu. Und so erfuhr niemand etwas vom packendsten Stoff dieser ihr Leben lang arbeitenden Schriftstellerin.

Wie so viele Menschen reagierte auch diese Autorin auf den

Holocaust mit Schweigen.[123] Wer sich wundern würde, warum sie als junge Frau kein autobiografisch geprägtes Werk über die Erfahrungen ihrer Familie produzierte, würde die fundamentale Schockwirkung übersehen, die Verfolgung und Flucht auf alle Formen literarischen Ausdrucks ausübten. Dies gilt nicht nur, aber ganz besonders für die traditionelle Form biografischen Schreibens. Die Gattung der Lebensgeschichte geht von souveränen, den Lauf ihrer Existenzen selbst bestimmenden Protagonisten aus. Genau solche Konzepte wurden in der nationalsozialistischen Realität zuerst zerstört.[124]

Kathrine Talbot suchte also die Freiheit in der Fiktion. Aber sie war weniger frei als vergleichbare Literaten.[125] Der deutsche Autor W. G. Sebald etwa, gut zwanzig Jahre jünger als sie, gehörte dem Volk der Täter an, nicht der Gruppe der Opfer, war in Bayern aufgewachsen, lehrte in Großbritannien. Er produzierte um die Jahrtausendwende mit *Austerlitz* einen der erfolgreichsten, raffiniertesten Erzähltexte der »postmemory«-Generation. Der Roman kreist um das Lager Theresienstadt ebenso wie um die Erfahrungen junger jüdischer Flüchtlinge in Großbritannien. Sebald lässt den fiktiven Austerlitz als erwachsenen Mann, einst vom Kindertransport gerettet, seine Eltern von den Deutschen ermordet, mit dem Zug an Bingen vorbeifahren. Ein geografischer Zufall. Aus dem Abteilfenster schaut der Held auf den Mäuseturm und meint, dass man hier im Rheintal kaum wisse, »in welcher Epoche man sich befindet«. Kathrine Talbot/Ilse Barker dagegen, anders als Austerlitz eine reale Person, war bei ihrer Rückkehr nach Bingen eine vergangene Epoche so präsent, dass sie gleich die Flucht aus der Stadt ergriff. Ihr fehlte die emotionale Distanz, die es Sebald erlaubte, *Austerlitz* zu meisterhafter Erinnerungsliteratur zu machen. Weil sie den Schmerz fühlte, konnte sie nicht davon erzählen.[126]

Im Frühjahr 1938 sah Ilse ihren Vater zum letzten Mal, im Spätsommer 1938 ihre Mutter. Eltern und Schwester lebten danach noch jahrelang im Machtbereich des nationalsozialistischen Deutschlands. Wenige Monate nach den Abschiedsszenen in der Schweiz wurden die Freiheiten und Persönlichkeitsrechte von Karl und Agnes Groß besonders rapide beschnitten. Auf die Novemberpogrome folgten zahlreiche schnell hintereinander erlassene Gesetze, die als jüdisch identifizierte Deutsche aus der Öffentlichkeit ausschlossen. Diese Maßnahmen trugen erstmals, so Historiker Saul Friedländer, »Anzeichen einer potentiellen räumlichen Konzentration von Juden«.[127]

Ilses Schwester Bertha wurde am 30. April 1942 nach Polen deportiert, zusammen mit etwa einhundert anderen Patienten und Angestellten der Israelitischen Heil- und Pflegeanstalt für Nerven- und Gemütskranke in Bendorf-Sayn bei Koblenz. Berthas Mitpatient Hans Davidsohn, als Lyriker unter dem Pseudonym Jakob van Hoddis bekannt, wurde ebenfalls auf den Transport gezwungen. Der Zug verließ den Güterbahnhof Koblenz-Lützel und war vier Tage lang unterwegs. Nach der Ankunft in Krasnystaw, Lublin, wurden die Deportierten im Ghetto Krasniczyn untergebracht. Dieses Ghetto lösten die Deutschen einige Wochen später auf. Sie erschossen zweihundert Menschen auf dem Friedhof von Krasniczyn. Die anderen Ghettobewohner verschleppten sie in das Transitghetto Izbica. Von dort gingen Züge in die Vernichtungslager Belzec und Sobibor ab. Es ist nicht bekannt, wie lange die schwer behinderte Bertha Groß vom Zeitpunkt der Deportation an überlebte.[128]

Am 27. September 1942 wurden die mittlerweile in Frankfurt am Main wohnenden Karl und Agnes Groß von Darmstadt aus nach Theresienstadt deportiert. Karls Hungertod dort, am 1. Februar 1944, war eine typische Form des Sterbens. Wie in jedem von den deutschen Machthabern betriebenen Ghetto oder Lager litten die meisten Bewohner Theresienstadts an Unterernährung. In der Lebensrealität der Insassen hieß dies auch: Je höher ihr Lebensalter, desto weniger Nahrungsmittel bekamen sie. Karl Groß war im Winter 1943/44 vierundsechzig Jahre alt. Aufgrund ihres höheren Kalorienbedarfs pro Tag starben Männer schneller an Mangelernährung als Frauen.[129]

Nach dem Tod ihres Ehemanns überlebte Agnes Groß den Alltag von Theresienstadt noch acht Monate lang. Am 23. Juni 1944 besuchten Delegierte des Internationalen Roten Kreuzes und der dänischen Regierung das Lager. Sie reisten mit der irrigen Überzeugung ab, dass es sich um eine autonome jüdische Stadt handle und nicht um eine Transiteinrichtung für Verschleppungen zu Vernichtungslagern. Deutsche Bürokraten teilten Agnes Groß am 7. Oktober 1944 für den Transport nach Auschwitz am darauffolgenden Tag ein. Ausnahmeregelungen für jüdische Veteranen des Ersten Weltkriegs und deren Angehörige hatten sie zuvor aufgehoben. Der Zug mit 1600 Kindern und Erwachsenen verließ Theresienstadt mit einem Tag Verspätung, am 9. Oktober, einem jüdischen Feiertag: Simchat Tora, dem Tag der Tora-Freude. Birkenau erreichte der Zug am 12. Oktober. Aufgrund ihres Alters ist davon auszugehen, dass Agnes Groß sofort in einer Gaskammer ermordet wurde. Sie war gerade einundsechzig geworden.[130]

Möglicherweise waren Kathrine Talbots Bedenken gegenüber dem deutsch-jüdischen »Stoff« auch handwerklicher Art, im traditionellen journalistischen Sinne. Schon in Pully, mit vierzehn, an der Reiseschreibmaschine, muss ihr der klare Unterschied zwischen fiktionalem und nichtfiktionalem Schreiben bewusst geworden sein. Als erwachsene Autorin konnte sie ihre Eltern nur als die Menschen porträtieren, als die sie sie einst erlebt hatte: als autonome, konsumierende, freie, selbst Entscheidungen treffende Individuen. Für alles andere fehlte ihr die Faktenbasis. Das Erleben von Karl, Agnes und Bertha Groß zwischen 1938 und 1944 konnte Ilse Barker nicht nachvollziehen. In einem autobiografischen Text notierte sie, dass ihr das Leiden ihrer Familie jahrzehntelang verschlossen gewesen sei: »locked away«. Sie habe sich bemüht, sich in die Eltern hineinzudenken. Es sei ihr nicht gelungen. Doch irgendwann entschied sie sich, das Abschiednehmen zu schildern. Aus ihrer eigenen Perspektive.

Im Sommer 1938 zog die siebzehnjährige Ilse Gross nach dem Schulabschluss aus dem Internat aus und in eine kleine Genfer Pension um. Sie nahm Französischkurse an der Universität. Eiskrem war exzellent in Genf: grünes Pistazieneis oder Pfirsich in einem magischen Rosa. Sie hatte Freundinnen aus Skandinavien, aus Argentinien. Mit ihnen ging sie tagsüber schwimmen und abends tanzen.

Für diesen Sommer bekam der Vater keine Reisegenehmigung. Agnes Groß gelang es, die Papiere zu erhalten. Sie zog mit in Ilses Pensionszimmer ein. Die gerade noch blühenden Äste einer Linde sahen sie direkt vor dem Fenster. Sie machten Spaziergänge durch die Stadt, saßen in Cafés. Ihre Mutter war vielleicht ein bisschen fülliger als früher, aber sie hatte noch immer, fand Ilse, schlanke Hände, schöne Knöchel, und trug einen schwarzen Strohhut mit einem hell leuchtenden roten Band. Ilse war stolz auf sie, auf ihre Attraktivität, ihren lebendigen Blick auf die Menschen. Manchmal ließ Ilse ihre Mutter allein, traf sich mit Freundinnen und kam dann zurück ins Zimmer und erzählte ihr jedes Detail des Abends. Sie redeten nicht viel von der Zukunft. Nichts ließ sich vorhersagen. »Wenn wir wieder zusammen sind«: Das war ein Halbsatz, der gelegentlich fiel.

An manchen Tagen sprachen sie nur Französisch miteinander. Es war dann Ilses besondere Freude, Fehler der Mutter zu korrigieren. Sie zeigte ihr ihre liebste Stelle in Genf. Diese lag wohl, ganz klar geht es aus ihrem Lebensbericht nicht hervor, im Parc des Bastions, mit Blick auf das Grand Théâtre. Spät am Nachmittag, fand Ilse, war es an ihrem Lieblingsort am schönsten. Golden und staubig war dann das Licht. Abends im Café trank Agnes Groß ein Bier. Das helfe gegen die Schlaflosigkeit.

Am Tag, als die Mutter abreiste, zurück Richtung Bingen, gingen sie vor Abfahrt des Zuges in ein Lokal in der Nähe des Bahnhofs, an der Place de Cornavin. Sie bestellten Suppe. Etwa sechs Jahrzehnte später legte Ilse Barker in Midhurst, Sussex, die Finger auf eine Computertastatur und schrieb, dass sie sich immer noch an den Geschmack, die Konsistenz, die Farbe dieses Hühnerconsommés erinnere: ein bisschen dünn, blässlich gelb, mit einem Ei darin. Eine eher lauwarme Suppe. Eine sehr milde Suppe. Ein bisschen wie Suppe, die man Kranken verabreicht, weil sie ihnen Kraft geben soll.

Sie zahlten und gingen. Die Mutter sagte, es sei nicht schön, sich im Bahnhof zu verabschieden. Zu traurig. Also umarmten sie sich auf dem Platz davor.

ÜBER DIESES BUCH

Dieses Buch konnte ich nur schreiben, weil Ilse Barkers Sohn Tom im November 2019 auf die E-Mail eines ihm unbekannten Deutschen reagierte – und danach auf diverse weitere Mails, Kurznachrichten, Anrufe, Videointerview-Einladungslinks. Für ihre Offenheit, Großzügigkeit und Gastfreundschaft bin ich Tom und Ros Barker zu großem Dank verpflichtet.

Die Details der Darstellung stammen zu einem großen Teil aus den nichtfiktionalen Texten Kathrine Talbots bzw. Ilse Barkers: aus ihren beiden unveröffentlichten, um die Jahrtausendwende entstandenen autobiografischen Werken (*The Painted Tides* und *The Cuckoo Under the Chair*) sowie ihren Erinnerungen an die Jahre in Cornwall (*Kit Barker Cornwall 1947-1948: Recollections of Painters and Writers*). Ihre Romane und Kurzgeschichten habe ich hier als fiktionale Texte behandelt und nicht als Darstellungen von Ilse Barkers Realität missverstanden. Als weitere Quellen dienten Gedichte, Briefe, Tagebücher, Aufzeichnungen und Bilder aus Ilse Barkers Nachlass. Wichtig zudem: Elizabeth Bishops Briefe an Kit und Ilse Barker (1952-1979). Die Originale befinden sich in der Princeton University Library (Special Collections), Kopien der Korrespondenz im Besitz von Thomas Barker.

Auch wenn die Erinnerungen und Beobachtungen der Autorin Kathrine Talbot den hauptsächlichen Teil des Materials ausmachen: Die vorliegende nichtfiktionale Erzählung unterscheidet sich deutlich von ihren autobiografischen, jedoch nicht durchgehend auf ihre eigenen Erfahrungen fokussierten Texten. Zudem stärkt diese Biografie manche Aspekte ihres Lebens und schwächt andere ab. Ilse Barkers unterstützende Arbeit für die Kunstkarriere ihres Mannes etwa, wohl sehr wichtig für sie selbst, wird hier eher ausgeblendet, um das literarische Schaffen Kathrine Talbots in den Vordergrund rücken zu können.

Dennoch habe ich stets den Notizen der Protagonistin vertraut, statt selbst über ihre Gedanken zu spekulieren. Ein Beispiel: Dass Ilse Gross sich im Londoner Häuschen ihres Cousins vom »falschen« Tischtuch deprimieren lässt, erscheint so in den von ihr verfassten Erinnerungen und basiert nicht auf meiner Vermutung, dass aus der großelterlichen Textilienfirma Emotionen der Enkelin resultieren könnten. Analog bin ich im gesamten Buch verfahren. Wahrnehmungen und Gefühlszustände der Protagonistin habe ich nur aufgenommen, wenn ich sie in ihrem Nachlass schriftlich dokumentiert sah.

Die nach der Textrecherche verbleibenden Lücken wurden von Interviews geschlossen. Großzügige Gesprächspartnerinnen und -partner stellten sich dafür zur Verfügung. Ihnen sei herzlich gedankt, zuallererst wiederum Tom und Ros Barker sowie Allegra Nancini-Barker, Sue Nancini-Barker und Louis Nancini-Barker. Esther Fairfax nahm sich Zeit für ein Gespräch über ihre Freundin Ilse. Julian und Jane Kent berichteten aus der Perspektive der Familie von Geoffrey Pittock-Buss. Giles Halliwell erzählte vom Bexley Hill.

Darüber hinaus habe ich zahlreichen Fachleuten zu danken, die sich für Gespräche oder E-Mail-Austausch Zeit nahmen. Beate Goetz (Arbeitskreis Jüdisches Bingen) klärte mich über die

verschiedensten Aspekte Binger Geschichte und Erinnerungs-
kultur auf. Ihr bin ich sehr verbunden. Claudia Öhlschläger
(Universität Paderborn) las eine Version des Manuskripts und
gab die klügsten Ratschläge. Alison Oldham bereicherte dieses
Buch sowohl als Expertin für die Kunstszene von Nachkriegs-
Cornwall wie als Freundin von Ilse Barker. Ina Schermuly hielt
in einem ersten Entwurf den Anfang für ein bisschen wirr.

An der University of Southampton fand ich enorm kenntnis-
reiche Gesprächspartner: Jennifer Craig-Norton, Tony Kushner
und den schon immer inspirierenden Joachim Schlör. Andrea
Hammel (University of Aberystwyth) steuerte ebenso wie Lori
Gemeiner Bihler (Framingham State University) entscheidende
Ideen zur Geschichte deutsch-jüdischer Flüchtlinge in Großbritannien bei. Elise Bath (Wiener Holocaust Library, London)
habe ich wichtige Hinweise zu den Schicksalen von Bertha, Karl
und Agnes Groß zu verdanken. Thomas Travisano (Hartwick
College) half mit Bezug auf Elizabeth Bishop und generelle bio-
grafische Fragen, Stephen Prince zum Cornwall der Nachkriegszeit. Quellen zu Ilse Barkers Briefwechsel mit Elizabeth Bishop
erhielt ich von Dean Rogers (Vassar College). Caspar Battegay
(Universität Basel) gab Ratschläge zu deutsch-jüdischen Begriff-
lichkeiten. Richard Grasshoff diskutierte Titelfragen. Farid Salih
beleuchtete medizinische Aspekte. Sandra Jansen (Universität
Leipzig) äußerte sich aus sprachwissenschaftlicher Sicht zum
englischen »hello«. Amerikanistin Alexandra Hartmann (Paderborn) danke ich für Sprachgebrauchshinweise. Petra Tabarelli
(Stadtarchiv Bingen) vermittelte Informationen zur lokalen Binger Geschichte. Herbert Baaser (Weinsenat Binger Mäuseturm)
beantwortete Fragen zu Binger Weinen. In Münster danke ich
Ilse und Ernst Ribbat für ihre Neugier.

Zur Internierungsgeschichte auf der Isle of Man stellten Sarah Christian und Kim Holden (Manx National Heritage) Antworten und Dokumente zur Verfügung. Der immens großzügige Alejandro Rodríguez-Giovo (International School of Geneva) eröffnete reichhaltige Quellen zu Ilse Gross' Genfer Schulerfahrungen. Alain Dubois (Archives d'Etat de Genève) recherchierte ebenfalls zu ihrer Zeit in Genf. Marcel Ruegg (Archives de la Ville de Lausanne) beantwortete Fragen zum Aufenthalt in der Villa Sévigné. Ebenso halfen zu Aspekten der Schweizer Zeit Mathieu Saboureau (Archives Communales, Ville de Pully), Caroline Bertron (Université Paris-Dauphine), Lea Haller und Daniel Di Falco (NZZ Geschichte), René Loeb (Schweizerische Vereinigung für Jüdische Genealogie), Bernard Bertoncini (Commune de Coppet) sowie Sylviane Javet und Yannick Cohen (Communauté Israelite de Lausanne et du Canton de Vaude). Für Unterstützung danke ich an der Universität Paderborn: Maike Doll, Jan Fieseler, Miriam Jaßmeier, Angelina Morad, Petra Tegtmeier und der Fernleihstelle der Universitätsbibliothek.

Meine größte Bewunderung gilt Ilse Groß, Ilse Gross, Ilse Pittock-Buss, Kathrine Pittock, Ilse Barker, Kathrine Talbot. Ich habe immens viel von der Beschäftigung mit ihren Werken und Briefen gelernt: von ihrer Sicht auf die Welt, auf Literatur, Kunst, Schmerz, Freundschaft, auf Prestigehuberei und Pomposität. Als Freund von Elizabeth Bishops Lyrik bin ich auf sie gestoßen. In einer Fußnote eines Aufsatzes tauchte eine Bishop-Brieffreundin namens Ilse auf. Diese Anmerkung führte zu Beate Goetz in Bingen, welche an Thomas Barker weiterleitete, einen so bescheidenen wie geistreichen, rundherum beeindruckenden Künstler und Menschen. Und ein fantastischer Pub sollte hier zudem empfohlen werden. Wenn sie zu Besuch bei Tom war, hat Ilse Barker im White Horse in Clun, Shropshire, gern ein halbes Pint Ale getrunken. Das ist gar nicht lange her.

ANMERKUNGEN

1 Aus Gründen der Übersichtlichkeit verweisen diese Anmerkungen nicht einzeln auf die Quellen aus dem Nachlass von Ilse Barker/Kathrine Talbot oder auf Gespräche mit Zeitzeuginnen, Zeitzeugen und Fachleuten (hierzu die Angaben im Kapitel »Über dieses Buch«), sondern auf literarische und wissenschaftliche Werke. Zum Aufhängen der Wäsche als potenziellem Signal für deutsche Flugzeuge: Miriam Kochan, »Women's Experience of Internment«, in: *The Internment of Aliens in Twentieth Century Britain*, herausgegeben von David Cesarani and Tony Kushner, London: Frank Cass 1993, S. 147-188, hier S. 149.

2 Birgit Bernard, »Tourismus in Bingen in den 1930er Jahren«, in: *Bingen im Nationalsozialismus: Quellen und Studien*, herausgegeben von Matthias Schmandt, Bad Kreuznach: Matthias Ess 2018, S. 211-261.

3 Nicole Brunnhuber, *The Faces of Janus: English-Language Fiction by German-Speaking Exiles in Great Britain, 1933-45*, Oxford: Peter Lang 2005, S. 16-21.

4 Waltraud Strickhausen, »Großbritannien«, in: *Handbuch der deutschsprachigen Emigration, 1933-1945*, herausgegeben von Claus-Dieter Krohn et al., Darmstadt: Wissenschaftliche Buchgesellschaft 2012, S. 251-270.

5 Lore Segal, *Other People's Houses*, London: Sort Of Books 2018 [1964], S. 7.

6 Zur kritischen Aufarbeitung des Kindertransports: Jennifer Craig-Norton, *The Kindertransport: Contesting Memory*, Bloomington: Indiana University Press 2019, S. 19-21, S. 317-324; Chad McDonald, »»We Became British Aliens«: Kindertransport Refugees Narrating the Discovery of their Parents' Fates«, in: *Holocaust Studies* 24:4 (2018), S. 395-417; Tony Kushner, »The Big Kindertransport Myth«, in: *The Jewish Chronicle* (15. November 2018), online verfügbar unter: {https://www.thejc.com/news/features/the-big-kindertransport-myth-kindertransport8oth-anniversary-1.472542}; *The Kindertransport to Britain 1938/39: New Perspectives*, herausgegeben von Andrea Hammel und Bea Lewkowicz, Amsterdam: Rodopi 2012.

7 Ernst Klee, »*Euthanasie*« *im Dritten Reich: Die »Vernichtung lebensunwerten Lebens*«, Frankfurt am Main: Fischer 2014; Ralf Forsbach, »Euthanasie‹ und Zwangssterilisierungen im Rheinland (1933-1945)«, in: *Portal Rheinische Geschichte* (2017), online verfügbar unter: {http://www.rheinische-geschichte.lvr.de}.

8 Jennifer Craig-Norton, »Refugees at the Margins: Jewish Domestics in Britain, 1938-1945«, in: *Shofar* 37:3 (2019), S. 295-330; Rebekka Göpfert, *Der jüdische Kindertransport von Deutschland nach England 1938/39: Geschichte und Erinnerung*, Frankfurt am Main: Campus 1999, S. 176-177. In wenigen Fällen gelang es auch Ehepaaren, von großen britischen Haushalten, etwa als Chauffeur oder Gärtner einerseits und als Köchin andererseits, angefordert zu werden (Traude Bollauf, *Dienstmädchen-Emigration: Die Flucht jüdischer Frauen aus Österreich und Deutschland nach England 1938/39*, Wien: LIT 2011, S. 162).

9 Edith Nesbit, *The Wouldbegoods: Being the Further Adventures of the Treasure Seekers*, Harmondsworth: Penguin 1971 [1901], S. 151.

10 Fabrizio Frigerio, »Theosophie«, in: *Historisches Lexikon der Schweiz* (22.08.2012), online verfügbar unter: {https://hls-dhs-dss.ch/de/articles/011398/2012-08-22/}.

11 Bollauf, *Dienstmädchen-Emigration*, S. 213.

12 Charmian Brinson, »A Woman's Place …? German-Speaking Women in Exile in Britain, 1933-1945«, in: *German Life and Letters* 51:2 (April 1998),

S. 204-224; Jennifer Craig-Norton, »Refugees at the Margins«; Lori Gemeiner Bihler, *Cities of Refuge: German Jews in London and New York, 1935-1945*, Albany: State University of New York Press 2019, S. 67, S. 109-110; Tony Kushner, »An Alien Occupation: Jewish Refugees and Domestic Service in Britain, 1933-1948«, in: *Second Chance: Two Centuries of German-Speaking Jews in the United Kingdom*, herausgegeben von Werner E. Mosse, Tübingen: Mohr 1991, S. 553-578.

13 Charles Morgan, *The Flashing Stream*, Rom: The Albatross 1949. Uraufgeführt wurde das Stück am 1. September 1938, mit Godfrey Tearle als Mathematiker Edward Ferrers und Margaret Rawlings als seiner Fachkollegin Karen Selby (Morgan, S. 48).

14 Willy Mayer-Gross, »Zur Phänomenologie abnormer Glücksgefühle«, in: *Zeitschrift für Pathopsychologie* 2 (1914), S. 588-610, hier S. 609.

15 *Mistress and Maid: General Information for the Use of Domestic Refugees and Their Employers*, London: The Domestic Bureau, Central Office for Refugees 1940.

16 Marie Carmichael Stopes, *Married Love or Love in Marriage*, Oxford: Oxford University Press 2004 [1918].

17 Kenneth Grahame, *The Wind in the Willows*, London: Hamlyn 1989 [1908].

18 Tausende deutsche und österreichische Dienstmädchen wurden nach Kriegsbeginn von ihren britischen Arbeitgebern entlassen. Ilse Gross hatte in diesem Moment Glück (Kushner, »An Alien Occupation«, S. 573).

19 Doreen Moule et al., *Friend or Foe? The Fascinating Story of Women's Internment during WW II in Port Erin & Port St. Mary, Isle of Man*, Douglas: Rushen Heritage Trust 2018, S. 78-79.

20 Moule et al., *Friend or Foe?*, S. 17-19; J. M. Ritchie, »German Refugees from Nazism«, in: *Germans in Britain since 1500*, herausgegeben von Panikos Panayi, London: Bloomsbury 1996, S. 147-170, hier S. 165.

21 Zu den Gefängniserfahrungen der im Frühjahr 1940 deportierten Frauen (etwa im Holloway Prison, London) und allgemein als detaillierte Darstellung der Internierung, auch im Vergleich mit den männlichen Lagerinsassen auf der Isle of Man: Kochan, »Women's Experience of Internment«, S. 147-166.

22 Fred Uhlman, *The Making of an Englishman*, London: Victor Gollancz 1960, S. 241.

23 Zu diesen und weiteren internierten Frauen: Charmian Brinson, »Introduction«, in: Ruth Borchard, *We Are Strangers Here: An ›Enemy Alien‹ in Prison in 1940*, London: Vallentine Mitchell 2008, S. 1-15.

24 Moule et al., *Friend or Foe?*, S. 189; S. 204.

25 Bihler, *Cities of Refuge*, S. 32.

26 Connery Chappell, *Island of Barbed Wire: Internment on the Isle of Man in World War Two*, London: Robert Hale 1984, S. 89.

27 Ruth Michaelis-Jena, *Auch wir waren des Kaisers Kinder: Lebenserinnerungen*, Lemgo: F. L. Wagener 1985, S. 142.

28 Kochan, »Women's Experience of Internment«, S. 157.

29 Moule et al., *Friend or Foe?*, S. 79.

30 Moule et al., *Friend of Foe?*, S. 97.

31 Brinson, »A Womans Place ...?«, S. 212; eine andere Studie spricht von drei Zeitungen im Frauenlager mit teils auch veröffentlichten Ausgaben: dem *Frauenruf*, dem *Rushen Outlook* und der pointiert benannten *Awful Times* (Michael Seyfert, *Im Niemandsland: Deutsche Exilliteratur in britischer Internierung: Ein unbekanntes Kapitel der Kulturgeschichte des Zweiten Weltkriegs*, Berlin: Arsenal 1984, S. 60).

32 Lagerbibliothekarin Ruth Michaelis-Jena war Buchhändlerin in Detmold, Deutschland, bis ihr Buchladen 1933 mit antisemitischen Parolen beschmiert wurde. Dann war sie Buchhändlerin in Edinburgh, Schott-

land, bis sie dort vor das Tribunal geladen wurde. Hierzu die Autobiografie: Ruth Michaelis-Jena, *Auch wir waren des Kaisers Kinder*.

33 Beobachtet von der Internierten Eva Meyerhof, die 1942 unter Pseudonym einen Tatsachenbericht über das Frauenlager auf der Isle of Man veröffentlichte: Livia Laurent, *A Tale of Internment*, London: Allen & Unwin 1942, S. 86-89.

34 Kathrine Talbot spricht in ihren autobiografischen Texten davon, Geld auf der Isle of Man verdient und ausgegeben zu haben. Zeitweise war der Gebrauch von Bargeld im Frauenlager verboten. Bekannt wurde das von der ebenfalls internierten Ökonomin Ruth Borchard entwickelte »service exchange scheme«, bei dem ein System von Gutscheinen für erbrachte Leistungen den Geldverkehr ersetzte (Brinson, »A Woman's Place …?«, S. 212).

35 Ford Madox Ford, *The March of Literature: From Confucius to Modern Times*, London: Allen & Unwin, 1947 [1939], S. 438. Trotz des Untertitels beginnt Ford tatsächlich mit der altägyptischen Literatur.

36 Ford, *The March of Literature*, S. 768.

37 Jerry White, *London in the Twentieth Century: A City and Its People*, London: Vintage 2001, S. 38-39; Uhlman, *The Making of an Englishman*, S. 240.

38 Jürgen Krome, *Kaiserreich, Gründerboom und Erster Weltkrieg: Bingen, 1871-1918*, Bad Kreuznach: Matthias Ess 2019, S. 399-401.

39 Kevin D. Goldberg, »Wie der Wein in Mitteleuropa jüdisch wurde«, in: *Wein und Judentum*, herausgegeben von Andreas Lehnardt, Berlin: Neofelis 2014, S. 229-246.

40 George Herbert, »The Affliction (I)«, in: *The English Poems of George Herbert*, herausgegeben von Helen Wilcox, Cambridge: Cambridge University Press 2007, S. 162-163.

41 Kochan, »Women's Experience of Internment«, S. 161.

42 So geschildert in: Livia Laurent, *A Tale of Internment*, S. 93.

43 Kathi Diamant, *Kafka's Last Love: The Mystery of Dora Diamant*, London: Secker & Warburg 2003, S. 232.

44 Bihler, *Cities of Refuge*, S. 82.

45 Robert Hewison, *Under Siege: Literary Life in London 1939-1945*, London: Weidenfeld and Nicolson 1977, S. 49.

46 Hewison, *Under Siege*, S. 33-36.

47 White, *London in the Twentieth Century*, S. 39 (der Beobachtungen der Schriftstellerin Elizabeth Bowen zitiert).

48 Vera Brittain, *Seed of Chaos: What Mass Bombing Really Means*, London: New Vision 1944; Richard Rempel, »The Dilemmas of British Pacifists During World War II«, in: *The Journal of Modern History* 50:4 (1978), S. D1213-D1229.

49 Aldous Huxley, *Ends and Means: An Enquiry into the Nature of Ideals and into the Methods Employed for their Realization*, London: Chatto & Windus 1980 [1937], S. 124-125.

50 Zur Reaktion des Emigranten Siegfried Kracauer auf die öffentlich zugänglichen Informationen zur Vernichtungspolitik: Jörg Später, *Siegfried Kracauer: Eine Biographie*, Berlin: Suhrkamp 2016, S. 445-447.

51 Tony Tanner, Introduction, in: *Henry James*, herausgegeben von Tony Tanner, London: MacMillan 1968, S. 11-41, hier S. 15; Henry James, *The Sacred Fount*, New York: Grove 1979, S. 31, S. 82-83.

52 Henry James, »The Art of Fiction« (1888), in: Henry James, *Major Stories and Essays*, herausgegeben von Leon Edel, New York: Library of America 1999, S. 572-593.

53 Juliet Gardiner, *Wartime: Britain 1939-1945*, London: Headline 2004, S. 350.

54 Gardiner, *Wartime*, S. 572-573.

55 Tony Kushner, »The Holocaust in the British Imagination: The Official Mind and Beyond, 1945 to the Present«, in: *Holocaust Studies* 23:3 (2017), S. 1-21; Kushner, »From ›This Belsen Business‹ to ›Shoah Business‹: History, Memory, and Heritage, 1945-2005«, in: *Belsen 1945: New Historical Perspectives*, herausgegeben von Suzanne Bardgett and David Cesarani, London: Vallentine Mitchell 2006, S. 189-216.

56 Henry Green, *Loving*, London: Harvill 1992 [1945], S. 70-71.

57 Kate Friedlander, *The Psycho-Analytical Approach to Juvenile Delinquency: Theory, Case-Studies, Treatment*, London: Kegan Paul, Trench, Trubner 1947, S. 14-15, S. 286-287.

58 Zum »Sprachwechsel« in der Literatur der Emigration, allerdings bei dem deutlich prominenteren Schriftsteller Klaus Mann: Susanne Utsch, *Sprachwechsel im Exil: Die »linguistische Metamorphose« von Klaus Mann*, Köln: Böhlau 2007; zu weiteren emigrierten jüdischen Autorinnen im deutsch-britischen Kontext (wenn auch teils sehr viel älter als Ilse Groß): Deborah Vietor-Engländer, »What's in a Name? What Is Jewishness? New Definitions for Two Generations: Elsa Bernstein, Anna Gmeyner, Ruth Ewald, and Others«, in: *Integration und Ausgrenzung: Studien zur deutsch-jüdischen Literatur- und Kulturgeschichte von der Frühen Neuzeit bis zur Gegenwart*, herausgegeben von Mark H. Gelber, Jakob Hessing und Robert Jütte, Tübingen: Max Niemeyer 2009, S. 467-481.

59 Walter Allen, »Henry Green«, in: *Penguin New Writing*, London: Penguin 1945, S. 144-155.

60 Alex J. Robinson, *The Bleak Midwinter 1947*, Manchester: Manchester University Press 1987.

61 Graham Viney, *The Last Hurrah: The 1947 Royal Tour of Southern Africa and the End of Empire*, London: Robinson 2019.

62 David Cesarani, »Great Britain«, in: *The World Reacts to the Holocaust*, herausgegeben von David S. Wyman and Charles H. Rosenzweig, Baltimore: Johns Hopkins University Press 1996, S. 599-641; Tony Kushner,

The Holocaust and the Liberal Imagination: A Social and Cultural History, Oxford: Blackwell 1994, S. 205-269; der Behauptung, bis in die Sechzigerjahre habe »Schweigen« über den Holocaust geherrscht, widerspricht das nuancierte Bild der durchaus präsenten, wenn auch marginalisierten Darstellungen im England der unmittelbaren Nachkriegszeit in: *After the Holocaust: Challenging the Myth of Silence*, herausgegeben von David Cesarani und Eric J. Sundquist, London: Routledge 2012. Zu einer umfassenden Aufarbeitung der historischen und kulturellen Dimensionen: *The Palgrave Handbook of Britain and the Holocaust*, herausgegeben von Tom Lawson und Andy Pearce, London: Palgrave Macmillan 2020.

63 Rosemary Sullivan, *By Heart: Elizabeth Smart. A Life*, New York: Viking 1991, S. 157-162.

64 Christopher Barker, *The Arms of the Infinite*, Hebden Bridge: Pomona 2006, S. 8; aus der turbulenten Beziehung zwischen Elizabeth Smart und George Barker entstand Smarts einflussreiches autobiografisches Werk *By Grand Central Station I Sat Down and Wept*, London: Fourth Estate 2015 [1945].

65 Robert Fraser, *The Chameleon Poet: A Life of George Barker*, London: Jonathan Cape 2001, S. 262.

66 Cesarani, »Great Britain«; Tony Kushner, »Anti-Semitism and Austerity: The August 1947 Riots in Britain«, in: *Racial Violence in Britain, 1840-1950*, herausgegeben von Panikos Panayi, London: Leicester University Press 1996, S. 150-170, hier S. 156.

67 Felicity Bryan, »Rosamunde Pilcher Obituary«, in: *The Guardian* (7. Februar 2019), online verfügbar unter: {https://www.theguardian.com/books/2019/feb/07/rosamunde-pilcher-obituary}; N.N., *Rosamunde Pilcher Drehorte*, online verfügbar unter: {http://pilcher-drehorte.blogspot.com/}; *The World of Rosamunde Pilcher*, herausgegeben von Siv Bublitz, New York: St. Martin's 1996.

68 David Kynaston, *Austerity Britain 1945-1951*, London: Bloomsbury 2007, S. 103-109.

69 Zur Funktion von Gender in der New Yorker Kunstszene dieser Zeit: Marcia Brennan, *Modernism's Masculine Subjects: Matisse, The New York School, and Post-Painterly Abstraction*, Cambridge: MIT Press 2004, sowie Mary Gabriel, *Ninth Street Women: Lee Krasner, Elaine De Kooning, Grace Hartigan, Joan Mitchell, and Helen Frankenthaler: Five Painters and the Movement that Changed Modern Art*, New York: Little Brown 2018.

70 Christina Lupton, *Reading and the Making of Time in the Eighteenth Century*, Baltimore: Johns Hopkins University Press 2018, S. 38-42.

71 Michael Brenson, »Jimmy Ernst, Painter, Dies; Emphasized Color and Line«, in: *The New York Times*, 7. Februar 1984, S. D:24.

72 Zu Geschichte und Bedeutung der Fotoagentur: Hendrik Neubauer, *Black Star: 60 Years of Photojournalism*, Köln: Könemann 1997.

73 Zur Laufbahn von Willy Mayer-Gross: Cyril Greenland, »At the Crichton Royal with William Mayer-Gross«, in: *History of Psychiatry* 13 (2002), S. 467-474; zur Insulin-Schocktherapie: Joel Braslow, *Mental Ills and Bodily Cures: Psychiatric Treatment in the First Half of the Twentieth Century*, Berkeley: University of California Press 1997, S. 96-99. Willy Mayer-Gross' Sohn Henry wurde Ornithologe und verfasste ein Standardwerk zu den korrekten Beobachtungsmethoden von Vogelnestern, basierend auf 20 000 korrekt ausgefüllten Vogelnestbeobachtungskarten britischer Ornithologen. Hierzu: Henry Mayer-Gross, *Nest Record Scheme*, Beech Grove: British Trust for Ornithology 1970.

74 Virginia Woolf, *A Room of One's Own*, London: Hogarth Press 1929, S. 6.

75 Birgit Bernard, »›… alles war beschmutzt und besudelt‹: Das Judenpogrom in Bingen und die Zerstörung der Binger Synagogen am 10. November 1938«, in: *Bingen im Nationalsozialismus: Quellen und Studien*, herausgegeben von Matthias Schmandt, Bad Kreuznach: Matthias Ess 2018, S. 303-359.

76 Carol Boggess, *James Still: A Life*, Lexington: University Press of Kentucky 2017, S. 243.

77 Wendy Cannella, »Writing Back: An Arbitrary History: Ilse Barker's Correspondence with Elizabeth Bishop«, unveröffentlichte Forschungsarbeit, Boston College, o. J.

78 University of Iowa, »Guide to the Calvin Kentfield Papers« (o. J.), online verfügbar unter: {http://collguides.lib.uiowa.edu}.

79 N. N., »Installation of the first 701« [1953], in: *IBM Archives* (o. J.), online verfügbar unter: {https://www.ibm.com/ibm/history/exhibits/701/701_first.html}.

80 Edwin Black, *IBM and the Holocaust: The Strategic Alliance between Nazi Germany and America's Most Powerful Corporation*, New York: Dialog 2012 [2001]. Zu den Eltern des Verfassers: Black, S. 11-12.

81 Hans-Peter Rodenberg, *The Making of Ernest Hemingway: Celebrity, Photojournalism, and the Emergence of the Modern Lifestyle Media*, Münster: LIT 2014.

82 Mark McGurl, *The Program Era: Postwar Fiction and the Rise of Creative Writing*, Cambridge: Harvard University Press 2009, S. 61.

83 George Nugent, »Obituaries: Viscount Cowdray«, in: *The Independent* (21. Januar 1995), online verfügbar unter: {https://www.independent.co.uk/news/people/obituaries-viscount-cowdray-1568971.html}; Wolfgang Saxon, »Lord Cowdray, 84, Developer of the Pearson Conglomerate«, in: *The New York Times* (21. Januar 1995), online verfügbar unter: {https://www.nytimes.com/1995/01/21/obituaries/lord-cowdray-84-developer-of-the-pearson-conglomerate.html}.

84 Pauline Weston Thomas, »Coronation Gown of Queen Elizabeth II: Part 2 – The Robes«, in: *Fashion-Era* (o.J.), online verfügbar unter: {https://www.fashion-era.com/coronation_dress.htm}.

85 Caroline Richmond, »Leslie Baruch Brent Obituary«, in: *The Guardian* (2. Januar 2020), online verfügbar unter: {https://www.theguardian.com/science/2020/jan/02/leslie-baruch-brent-obituary}; Elizabeth Sulis Gear, »The Nobel-Prize Winning Academic Who Fled Nazi Germany as a Child«, in: *Huck* (27. Januar 2016), online verfügbar unter: {https://www.

huckmag.com/perspectives/reportage-2/nobel-prize-winning-academic-
fled-nazi-germany/}.

86 Colm Tóibín, *On Elizabeth Bishop*, Princeton: Princeton University Press
2015, S. 109-110.

87 Ann K. Hoff, »Owning Memory: Elizabeth Bishop's Authorial Restraint«,
in: *Biography* 31:4 (2008), S. 577-594; N. N. »An Introduction to Confes-
sional Poetry: How a Newly Personal Mode of Writing Popularized
Exploring the Self«, in: *Poetry Foundation* (15. November 2009), online
verfügbar unter: {https://www.poetryfoundation.org/collections/151109/
an-introduction-to-confessional-poetry}.

88 Toby Faber, *Faber & Faber: The Untold Story*, London: Faber & Faber
2019, S. 238; John Mullan, »The History of Faber: 1950s«, in: *Faber Blog*
(4. Mai 2016), online verfügbar unter: {https://www.faber.co.uk/blog/
about/faber-1950s/}

89 Zur Geschichte dieser Institution nahe Koblenz (der Israelitischen Heil-
und Pflegeanstalt für Nerven- und Gemütskranke) im Kontext der nationalsozialistischen Massenmorde an Behinderten und nach einem Erlass
am 12. Dezember 1940, der die Trennung von jüdischen und nichtjüdischen Patienten in deutschen Heil- und Pflegeanstalten verfügte: Klee,
»*Euthanasie« im Dritten Reich*, S. 277-279.

90 Jessica Winter, »Our Autofiction Fixation«, in: *The New York Times*
(14. März 2021), online verfügbar unter: {https://www.nytimes.com/
2021/03/14/books/review/autofiction-my-dark-vanessa-american-dirt-
the-need-kate-elizabeth-russell-jeanine-cummins-helen-phillips.html}.

91 Hans H. Pars, *Noch leuchten die Bilder: Schicksale von Meisterwerken der
Kunst*, Stuttgart: Europäischer Buchklub 1957, S. 359.

92 H. H. Pars, *Pictures in Peril*, London: Faber & Faber 1957; Landesarchiv
Baden-Württemberg/Hauptstaatsarchiv Stuttgart, »Findbuch Q 2/46:
Nachlass von Dr. Hans Diebow (1896-1975), Journalist, Zeichner und
Schriftsteller« (o. J.), online verfügbar unter: {https://www2.landesarchiv-
bw.de/ofs21/olf/einfueh.php?bestand=54207}; N. N., »Schwarz van Berk,
Hans (1902-1973)«, in: *Bundesarchiv, Nachlassdatenbank* (2004/2005),

online verfügbar unter: {https://www.bundesarchiv.de/nachlassdaten-bank/viewsingle.php?person_id=12988&asset_id=14079}.

93 Zitiert in: Eleanor Courtemanche, »Games that Make Nothing Happen: H.G. Wells and the Collapse of Literature«, in: *Journal of Victorian Literature* 21:2 (2016), S. 246-249, hier S. 246.

94 Die hier beschriebene Geburt war ein *The Archers*-Ereignis von 1967: siehe hierzu: Keri Davies, »*The Archers*: Six Diamond Decades – the 1960s«, in: *The Archers* Blog (1. Dezember 2010), online verfügbar unter: https://www.bbc.co.uk./blogs/thearchers/2010/12/six_diamond_deca des_-_the_1960.html; zu Problemen der Serie um 1970: Jock Gallagher, *The Archers Omnibus: The BBC's Official Companion to Radio's Most Popular Serial*, London: BBC Books 1990, S. 8.

95 Faber, *Faber & Faber*, S. 164-165; James betonte allerdings selbst, dass ihre Erhebung in den Adelsstand nichts mit ihren Romanen, sondern mit ihrem gesellschaftlichen Engagement zu tun habe. Hierzu: Marilyn Stasio, »P.D. James, Creator of the Adam Dalgliesh Mysteries, Dies at 94«, in: *The New York Times* (27. November 2014), online verfügbar unter: {https://www.nytimes.com/2014/11/28/arts/international/p-d-james-mystery-novelist-known-as-queen-of-crime-dies-at-94.html}.

96 Faber, *Faber & Faber*, S. 264-265; S. 275; S. 292-293.

97 Astrid van Nahl, *Judith Kerr: Die Frau, der Hitler das rosa Kaninchen stahl*, Darmstadt: wbg Theiss 2019, S. 199-209.

98 Die Szenen erscheinen in: Sally Bedell Smith, *Prince Charles: The Passions and Paradoxes of an Improbable Life*, New York: Random House 2017.

99 Leni Riefenstahl, *Vanishing Africa*, New York, Harmony 1982, S. 18-20; zu Riefenstahls Afrikakonstruktionen auch: George Paul Meiu, »Riefenstahl on Safari: Embodied Contemplation in East Africa«, in: *Anthropology Today* 24:2 (2008), S. 18-22.

100 Zur Lebensgeschichte von Esther Fairfax und ihrer Mutter Lotte Berk: Esther Faifax, *My Improper Mother and Me*, Hebden Bridge: Pomona 2010.

101 Bethany Hicok, *Elizabeth Bishop's Brazil*, Charlottesville: University of Virginia Press 2016; Elizabeth Bishop, *Edgar Allan Poe & The Juke-Box: Uncollected Poems, Drafts, and Fragments*, herausgegeben von Alice Quinn, New York: Farrar, Straus and Giroux 2006, S. 149.

102 Almut Gernhardt und Robert Gernhardt, *A Pig That Is Kind Won't Be Left Behind*, London: Jonathan Cape 1981; Gernhardt/Gernhardt, *Ein gutes Schwein bleibt nicht allein*, Frankfurt am Main: Insel 1980; Gernhardt/Gernhardt, *What a Day*, London: Jonathan Cape, 1980; Gernhardt/Gernhardt, *Was für ein Tag*, Frankfurt am Main: Fischer 1978.

103 Der erste Auftrag, aus dem Französischen zu übersetzen, kam in den frühen Achtzigerjahren: Brigitte Lozerechs *L'intérimaire*, eine Geschichte um sexuellen Missbrauch. Hierzu die – eher kritische – Rezension der Übersetzung Kathrine Talbots: Sara Laschever, »Seeking Respect«, in: *The New York Times* (16. September 1984), S. 41. Die surrealistischen Kurzgeschichten stammten von Leonora Carrington (Carrington, *The House of Fear: Notes from Down Below*, New York: E. P. Dutton 1988); die Rezension: Richard Burgin, »Paranoia, Surrealism, Madness«, in: *The New York Times* (27. November 1988), S. 29.

104 104Karen Gershon, *We Came As Children: A Collective Autobiography*, London: Papermac 1989, S. 7-9. Eine kleinere Sammlung von Lebensläufen und Selbsteinschätzungen der Zeitzeugen findet sich in: Jenny Kreyssig, »Nur ein Photo von den Eltern: Mit dem jüdischen Kindertransport nach England«, in: *Das Exil der kleinen Leute: Alltagserfahrungen deutscher Juden in der Emigration*, herausgegeben von Wolfgang Benz, Frankfurt am Main: Fischer 1994, S. 255-268.

105 Victoria Harrison, »Recording a Life: Elizabeth Bishop's Letters to Ilse and Kit Barker«, in: *Contemporary Literature* 29:4 (1988), S. 498-517. Ein (recht knapper) Sekundärtext zu Kathrine Talbots Lyrik erschien noch zu Lebzeiten: Alison Oldham, »Noël Welch and Kathrine Talbot«, in: *PN Review* 31:3 (2005), S. 8-12.

106 Kit Barker berichtete nach der auf den Unfall folgenden Operation von der Halluzination einer blauen Tulpe (Fraser, *Chameleon Poet*, S. 77); »The Blue Tulip« zitiert in: Fraser, *Chameleon Poet*, S. 78.

107 In diesen Jahren übersetzt Kathrine Talbot jedoch auch deutschsprachige historische Quellen für eine amerikanische Anthologie zur jüdischen Geschichte in Böhmen und Mähren, gerade auch Dokumente, die aus der Zeit der Judenvernichtung stammen (*The Jews of Bohemia and Moravia: A Historical Reader*, herausgegeben von Wilma Abeles Iggers, Detroit: Wayne State University Press 1992).

108 Daniel Vincent, »RP or Received Pronunciation – The Characteristically British Accent«, in: *ELT Learning Journeys* (9. Dezember 2015), online verfügbar unter: {https://eltlearningjourneys.com/2015/12/09/received-pronunciation/}.

109 Sidonie Smith and Julia Watson, *Reading Autobiography: A Guide for Interpreting Life Narratives*, Minneapolis: University of Minnesota Press 2010; Ben Yagoda, *Memoir: A History*, New York: Riverhead 2009; Michael Erben, »Britain: 20th-Century Auto/biography«, in: *Encyclopedia of Life Writing: Autobiographical and Biographical Forms, Vol. 1*, herausgegeben von Margarette Jolly, London: Fitzroy Dearborn 2001, S. 146-148; Helen M. Buss, »Memoirs«, in: *Encyclopedia of Life Writing, Vol. 2*, S. 595-597.

110 Die »naive« Lesart folgt hier dem Ansatz etwa Colm Toíbíns, Elizabeth Bishops Lyrik als »nonfiction« zu begreifen, und wendet diesen, sicher spekulativ, auf Kathrine Talbots Gedichte an (Toíbín, *On Elizabeth Bishop*, S. 146). Die lose, tagebuchhafte Struktur der Lyrik Talbots könnte zudem darauf hinweisen, dass auch ihre Gedichte als nichtfiktional eingeschätzt werden sollten. Ein Lyrikband Kathrine Talbots erschien 1998 (im Selbstverlag) und versammelte zahlreiche Gedichte, von denen einige zuvor in Lyrik- und Literaturzeitschriften publiziert worden waren: Kathrine Talbot, *Saturday Victory*, Midhurst: IB Press 1998.

111 Marianne Hirsch, *Family Frames: Photography, Narrative, and Postmemory*, Cambridge: Harvard University Press 1997, S. 22-23; später auch zu den Bezügen zwischen zeitgenössischem Feminismus und »postmemory«: Marianne Hirsch, *The Generation of Postmemory: Writing and Visual Culture after the Holocaust*, New York: Columbia University Press 2012, S. 15-18.

112 Matthias Schmandt, »Zur Geschichte der Juden in Bingen«, in: *Leuchte des Exils: Zeugnisse jüdischen Lebens in Mainz und Bingen*, herausgegeben von Hans Berkessel et al., Oppenheim: Nünnerich-Asmus 2016, S. 37-39.

113 Josef Götten, »Überblick zur Geschichte der Juden in Bingen«, in: *Juden in Bingen: Beiträge zu ihrer Geschichte*, herausgegeben von Brigitte Giesbert, Beate Götz, Josef Götten, Bingen: Arbeitskreis jüdisches Bingen 2015, S. 30-35; Bernard, »alles war beschmutzt ...«.

114 Alison Oldham, *Everyone Was Working: Writers and Artists in Postwar St. Ives*, St. Ives: Tate 2002.

115 Gemeinsam mit ihrem Sohn veröffentlichte Ilse Barker etwa 2003 – allerdings unter diesem Namen, nicht als Kathrine Talbot – ein Büchlein im Selbstverlag, das die Wanderung einer Gruppe jüdischer Mädchen aus Bingen im Sommer des Jahres 1935 beschreibt (Ilse Barker, *Fragments from a Cuttingroom Floor: Recollections of a Walking Tour*, Midhurst: Midhurst and Petworth Printers, 2003).

116 N.N., »Howard Kent: Obituary«, in: *The Guardian* (24. Februar 2005), online verfügbar unter: {https://www.theguardian.com/news/2005/feb/24/guardianobituaries}.

117 John zitiert hier aus einem Gedicht des Schotten Thomas Campbell (1777-1844).

118 N.N., »Lausanne«, in: *Feuille d'Avis des Lausanne* (9. März 1935), S. 12.

119 Zu Tenenbaums Biografie: Alejandro Rodríguez-Giovo, »Ecolint's Jewish Heritage«, Genf 2021 (unveröffentlichter Aufsatz); Robert Nef und Bernard Ruetz, »Starkes Stück: Wie der jüdische Offizier Edward A. Tenenbaum vor 60 Jahren den Deutschen zur D-Mark verhalf«, in: *Jüdische Allgemeine* (19. Juni 2008), online verfügbar unter: {https://www.juedische-allgemeine.de/allgemein/starkes-stueck/}.

120 Hierzu: Yagoda, *Memoir*; Gavin Tomson, »More Life: On Contemporary Autofiction and the Scourge of ›Relatability‹«, in: *Michigan Quarterly Review* (8. August 2018), online verfügbar unter: { https://sites.lsa.umich.

edu/mqr/2018/08/more-life-on-contemporary-autofiction-and-the-
scourge-of-relatability/}.

121 Hierzu eine frühe Glosse: Katharina Döbler, »Frische Luft! Wie viel
Welthaltigkeit braucht die Literatur?«, in: *Die Zeit* (12. Juni 2003), online
verfügbar unter: {https://www.zeit.de/2003/25/L-Glosse_25}.

122 Zur Geschichte eines vergleichbaren Mikrokosmos, des vermeintlich
idyllischen Weindorfs Guntersblum, nur gut vierzig Kilometer von Bingen entfernt: Sven Felix Kellerhoff, *Ein ganz normales Pogrom: November
1938 in einem deutschen Dorf*, Stuttgart: Klett-Cotta 2018.

123 Zur Bedeutung des Schweigens und transgenerationaler Traumata: Maya
Lasker-Wallfisch, *Briefe nach Breslau: Meine Geschichte über drei Genera-
tionen*, Berlin: Insel 2020; Carol A. Kidron, »Breaching the Wall of Trau-
matic Silence: Holocaust Survivor and Descendant Person-Objects Rela-
tions and the Material Transmission of the Genocidal Past«, in: *Journal of
Material Culture* 17:1 (2012), S. 3-21.

124 Katharina Prager, »›Exemplary Lives‹? Thoughts on Exile, Gender and
Life-Writing«, in: *Exile and Gender I: Literature and the Press*, herausgege-
ben von Charmian Brinson und Andrea Hammel, Leiden: Brill 2016,
S. 5-18.

125 Die Geschlechtergeschichte des 20. Jahrhunderts erklärt zudem die
Selbstverständlichkeit, mit der männliche Autoren und Künstler in Kathrine Talbots Welt so viel mehr Zeit und Raum für ihre Kreativität er-
hielten und der kulturelle Mainstream weiblichen Stimmen wie der ihren
eher mit Desinteresse begegnete. Zur marginalen Aufarbeitung weibli-
cher Geschichten im Kontext deutsch-jüdischer Emigration nach Großbritannien: Angela Davis, »Belonging and ›Unbelonging‹: Jewish Refugee and Survivor Women in 1950s Britain«, in: *Women's History Review*
26:1 (2017), S. 130-146. Ilse Barkers Argwohn gegenüber dem Beschreiben
privater Details führt auch zu der spekulativen Frage: Hätte Kathrine
Talbot vielleicht prägnanter, alltagsnäher, erfolgreicher geschrieben,
wenn die Frau hinter dem Pseudonym regelmäßig Tagebuch geführt
hätte? Wenn sie ihre Notizen bei sich behalten hätte, statt sie stets in
Briefen wegzuschicken – an Elizabeth Bishop, an ihren Sohn, an so viele
Freundinnen und Bekannte? Auch dies führt allerdings zu ihrer histori-

schen Situation zurück. Für die jugendliche Emigrantin Ilse Gross war das Briefeschreiben nicht eine Beschäftigung unter vielen gewesen, sondern eine das Überleben symbolisierende Alltagspraxis. Das einzige gerettete Mitglied dieser Binger Familie ließ der Zwang nicht los, anderen schreiben zu müssen. Damit war ihre Entwicklung als Schriftstellerin auch aus dieser Perspektive unauflöslich mit der Verfolgungserfahrung verknüpft. Zahlreiche andere Beispiele aus der Geschichte von Vertreibung und Flucht zeigen ein ähnliches Muster. Zu vergleichbaren Korrespondenzen: Andrea Hammel, »›Liebe Eltern!‹ – ›Liebes Kind‹: Letters between Kindertransportees and Their Families as Everyday Life Documents«, in: *Exile and Everday Life*, herausgegeben von Andrea Hammel und Anthony Grenville, Leiden: Brill 2015, S. 155-172; zu den Briefen und der Familiengeschichte einer nach England emigrierten Heilbronner Weinhändlerstochter: Joachim Schlör, *»Liesel, it's time for you to leave«: Die Flucht der Familie Rosenthal vor der nationalsozialistischen Verfolgung*, Heilbronn: Stadt Heilbronn 2016.

126 W. G. Sebald, *Austerlitz*, Frankfurt am Main: Fischer, 2006 [2003], S. 325-326) Zu Sebalds Methode etwa: Astrid Oesmann, »Sebald's Melancholic Method: Writing as Ethical Memory in *Austerlitz*«, in: *Monatshefte* 106:3 (2014), S. 452-471. Kritisch über Sebalds nicht gekennzeichnete Verwendung realer deutsch-jüdischer Fluchtgeschichten: Martin Modlinger, »›You Can't Change Names and Feel the Same‹: The Kindertransport Experience of Susi Bechhöfer in W. G. Sebald's *Austerlitz*«, in: *The Kindertransport to Britain 1938/39. New Perspectives*, herausgegeben von Andrea Hammel und Bea Lewkowicz, Leiden: Brill 2012, S. 219-232. Umfassender zu Sebald: Carole Angier, *Speak, Silence: In Search of W. G. Sebald*, London: Bloomsbury, 2021.

127 Saul Friedländer, *Das Dritte Reich und die Juden: Die Jahre der Verfolgung, 1933-1939*, München: Beck 2000, S. 308.

128 Dokumente des International Tracing Service für Bertha Gross, Wiener Holocaust Library, London; N. N., »2. Deportation am 30. April 1942«, *Mahnmal Koblenz* (2021), online verfügbar unter: {https://web25.otto. kundenserver42.de/Mahnmal_NEU/index.php/daten-und-fakten/ deportationen-von-juden-aus-koblenz-und-umgebung/555-juden-aus-dem-landkreis-koblenz-die-am-30-04-1942-abtransportiert-worden-

sind}; Steffen Hänschen, *Das Transitghetto Izbica im System des Holocaust*, Berlin: Metropol 2018, S. 286-292.

129 Anna Hájková, *The Last Ghetto: An Everyday History of Theresienstadt*, New York: Oxford University Press 2020, S. 100-131.

130 Dokumente des International Tracing Service für Karl und Agnes Gross, Wiener Holocaust Library, London; N. N., »Transport Ep from Theresienstadt, Ghetto, Czechoslovakia to Auschwitz Birkenau, Extermination Camp, Poland on 09/10/1944«, *Yad Vashem: The World Holocaust Remembrance Center* (o. J.), online verfügbar unter: {https://deportation.yadvashem.org/index.html?language=en&itemId=5092066}.